上海高校青年教师培养资助计划：
习近平新时代中国特色社会主义思想下
《税收学》课程思政建设研究（ZZSZF18003）

我国房地产类税收对地方公共品供给的效应研究

李霞 著

中国政法大学出版社

2019·北京

校庆筹备工作领导小组

组　长：夏小和　　刘晓红
副组长：潘牧天　　刘　刚　　关保英　　胡继灵　　姚建龙
成　员：高志刚　　韩同兰　　石其宝　　张　军　　郭玉生
　　　　欧阳美和　王晓宇　　周　毅　　赵运锋　　王明华
　　　　赵　俊　　叶　玮　　祝耀明　　蒋存耀

总序 GENERAL PREFACE

三十五年的峥嵘岁月,三十五载的春华秋实,转眼间,上海政法学院已经走过三十五个年头。三十五载年华,寒来暑往,风雨阳光。三十五年征程,不忘初心,砥砺前行。三十五年中,上海政法学院坚持"立足政法、服务上海、面向全国、放眼世界",秉承"刻苦求实、开拓创新"的校训精神,走"以需育特、以特促强"的创新发展之路,努力培养德法兼修、全面发展,具有宽厚基础、实践能力、创新思维和全球视野的高素质复合型应用型人才,在中国特色社会主义法治建设征程中留下了浓墨重彩的一笔。

学校主动对接国家和社会发展重大需求,积极服务国家战略。2013年9月13日,习近平主席在上海合作组织比什凯克峰会上宣布,中方将在上海政法学院设立"中国-上海合作组织国际司法交流合作培训基地",愿意利用这一平台为其他成员国培养司法人才。此后,2014年、2015年和2018年,习主席又分别在上合组织杜尚别峰会、乌法峰会、青岛峰会上强调了中方要依托中国-上合基地,为成员国培训司法人才。2017年,中国-上合基地被上海市人民政府列入《上海服务国家"一带一路"建设、发挥桥头堡作用行动方案》。五年来,学校充分发挥中国-上合基地的培训、智库和论坛三大功能,取得了一系列成果。

入选校庆系列丛书的三十五部作品印证了上海政法学院三十五周年的发展历程,也是中国-上海合作组织国际司法交流合作培训基地五周年的内涵提升。儒家经典《大学》开篇即倡导:"大学之道,在明明德,在亲民,在止于至善。"三十五年的刻苦,在有良田美池桑竹之属的野马浜,学校历经上海法律高等专科学校、上海政法管理干部学院、上海大学法学院和上海政法学院等办学阶段。三十五年的求实，上政人孜孜不倦地奋斗在中国法治建设的道路上，为推动中国的法治文明、政治进步、经济发展、文化繁荣与社会和谐而不懈努力。三十五年的开拓，上海政法学院学科门类经历了从单一性向多元性发展的过程，形成了以法学为主干，多学科协调发展的学科体系，学科布局日臻合理，学科交叉日趋完善。三十五年的创新，在我国社会主义法治建设进程中，上海政法学院学科建设与时俱进，为国家发展、社会进步、人民福祉献上累累硕果和片片赤诚之心！

所谓大学者，非谓有大楼之谓也，有大师之谓也。三十五部作品，是上海政法学院学术实力的一次整体亮相，是对上海政法学院学术成就的一次重要盘点，是上政方家指点江山、激扬文字的历史见证，也是上海政法学院学科发展的厚重回声和历史积淀。上海政法学院教师展示学术风采、呈现学术思想，如一川清流、一缕阳光，为我国法治事业发展注入新时代的理想与精神。三十五部校庆系列丛书，藏诸名山，传之其人，体现了上海政法学院教师学术思想的精粹、气魄和境界。

红日初升，其道大光。迎着佘山日出的朝阳，莘莘学子承载着上政的学术灵魂和创新精神，走向社会、扎根司法、面向政法、服务社会国家。在佘山脚下这座美丽的花园学府，他们一起看情人坡上夕阳抹上夜色，一起欣赏天鹅一家漫步在上合基地河畔，一起奋斗在落日余晖下的图书馆。这里记录着他们拼搏的青春，放飞着他们心中的梦想。

《礼记·大学》曰："古之欲明明德于天下者，先治其国。"怀着修身、齐家、治国、平天下理想的上政师生，对国家和社会始终怀着强烈的责任心和使命感。他们积极践行，敢为人先，坚持奔走在法治实践第一线；他们秉持正义，传播法义，为社会进步摇旗呐喊。上政人有着同一份情怀，那就是校园情怀。无论岁月流逝，无论天南海北，他们情系母校，矢志不渝、和衷共济、奋力拼搏。"刻苦、求实、开拓、创新"的校训，既是办学理念的集中体现，也是学术精神的象征。

路漫漫其修远兮，吾将上下而求索。回顾三十五年的建校历程，我们有过成功，也经历过挫折；我们积累了宝贵的办学经验，也总结了深刻的教训。展望未来，学校在新的发展阶段，如何把握机会，实现新的跨越，将上海政法学院建设成一流的法学强校,是我们应当思考的问题,也是我们努力的方向。不断推进中国的法治建设,为国家的繁荣富强做出贡献,是上政人的光荣使命。我们有经世济民、福泽万邦的志向与情怀,未来我们依旧任重而道远。

天行健,君子以自强不息。著书立说,为往圣继绝学,推动学术传统的发展,是上政群英在学术发展上谱写的华丽篇章。

上海政法学院党委书记 夏小和 教授

上海政法学院校长 刘晓红 教授

2019 年 7 月 23 日

摘要 ABSTRACT

自1994年实行分税制以来，我国财政收入出现大幅度增长，增长幅度自2001年以来一直高于GDP的增长幅度，同时我国的财政支出总体规模也得到了持续扩大。然而，地方财政竞争致使我国的财政支出在结构方面呈现出较为明显的"重基建、轻民生"偏向性特征，我国医疗、教育、卫生等保障性方面的民生类公共品供给相对短缺，不能满足居民对民生类公共品的需求，"上学难、看病贵、养老无保障"等问题凸显。党的十八大报告具体论述了教育、医疗、社保等五个与人民群众关系最直接、最密切的现实问题，提出要"努力办好人民满意的教育""统筹推进城乡社会保障体系建设"等建议，力求改善和保障民生。十八大报告奏响"民生改善"时代最强音，指明要提高民生类公共品供给水平。然而，拉动我国经济增长的巨大引擎和支柱产业是房地产行业，房地产类税收对地方财税收入增长贡献较大，起着强劲支撑作用。"营改增"后地方主体税种缺失，从理论上说，房地产类税收很可能成为地方的主体税。地方税的主要支出方向就是地方公共品供给，例如在美国房地产税的绝大比重以及在韩国房地产税的一部分都是专门提供于教育类民生公共品供给。本书以房地产类税收为地方税的重要组成部分为切入点，深入探讨房地产类税收对地方财政支出也就是公共品供给是否也存在"重基建、轻民生"的偏好，进而响应十八大提出"深化财税体制改革，加快房地产税立法，并适时推进改革"的号召，借鉴国外房地产税的经验，改革和完善房地产税制，培育房地产类税收为地方政府提供稳定持续可观的财政收入，更好地纠正地方政府财政支出中重基础建设类投资的偏好，加大民生类公共品的财政投入力度，进而改善民生。

基于上述研究目标，本书围绕房地产类税收对地方财政收入的影响、对地方财政支出的影响，也就是对地方公共品供给规模和结构的效应，探索房地产类税收的改革方向、路径以及相配套的改革措施，最后通过借鉴国际上房地产类税收的目标定位、税收立法、税制设计和地方政府对房地产类税收的依赖度经验，结合我国国情，提出房地产类税收相关的改革建议，优化房地产税制改革，提高民生类公共品供给水平。围绕这一研究主线，本书共分为六章，具体的研究结构阐述如下：

第一章，导论。阐明本书的研究背景、研究目的和研究意义，对文中的相关概念进行界定，确定本书的研究结构和框架，介绍研究过程中采取的主要研究方法和数据来源，简要说明本书的可能创新点及不足。第二章，房地产类税收与地方公共品供给的相关文献综述和理论概述。针对国内外相关研究文献进行必要的梳理和总结，对相关研究理论和方法进行概述。第三章，房地产类税收对地方财税收入的影响研究。系统分析我国房地产业的特征趋势及其潜在原因，就房地产类税收对地方财政收入的影响进行实证分析，另外探讨分析了土地出让金的现状及其收支结构。第四章，房地产类税收对地方经济性公共品供给的效应研究。本书的核心章节，承接上一章的房地产类税收对地方财政收入贡献较大，起着强劲支撑作用，又考虑到房地产类税收都是地方税，地方税收主要用于提供地方公共品供给，同时收入影响支出，本书的公共品供给也主要是用财政支出指标来衡量的，综合可以预见房地产类税收会对地方公共品（包括经济性公共品和非经济性公共品）供给产生影响。基于这一逻辑，第四章和第五章拟定研究房地产类税收对地方财政支出的影响，也就是说第四章和第五章分别侧重实证研究房地产类税收对经济性公共品和非经济性公共品供给的规模和结构两个方面的效应。其中，第四章首先分析我国地方经济性公共品供给的现状和原因，其次，实证分析房地产类税收对地方经济性公共品供给规模的效应，最后，深入细致地研究房地产类税收对经济性公共品的典型代表交通运输类公共品供给的效应。第五章房地产类税收对地方非经济性公共品供给的效应研究，也是本书的一个核心章节。首先阐述我国非经济性公共品供给现状，其次，从非经济性公共品的规模和结构方面，实证研究房地产类税收对非经济性公共品的规模、结构中的教育类和医疗卫生类公共品的效应，最后，深入挖掘房地产类税收对地方公共品供给的现状的原因。第六章，结论、政策建议与研究展望。对全书的研究成果进行总结，然后，针对本书实证相关结论和借鉴国外相关的房地产类税收的功能定位、立法模式、房地产税制设计和地方政府对房地产类税收依赖度等方面经验，进而提出相应的政策建议，并对后续研究给予展望。

根据上述理论与实证分析，本书获得以下几个方面的结论：（1）房地产类税收推动地方税收收入的增加，对地方财税收入具有强劲支撑作用。房地产类税收收入占地方税收收入的比例逐年攀升，并且房地产类税收收入的增幅大都高于地方税收收入的增幅。（2）房地产类税收对经济性公共品供给具有正向的激励作用，地方政府财政支出更倾向于与房地产相关的基础建设类公共品（经济性公共品）投资，而对民生类公共品等非经济性公共品供给具有显著的"挤出效应"。（3）实证结果表明房地产类税收挤出教育公共品供给。一方面，教育公共品更具有外溢性和正的外部性，相邻地区或者地区之间易相互取得福利，尤其是大学毕业之后的人才流动，促使教育带来的社会福利在省际地区之间重新洗牌，让多年的本地教育投入往往得不到回报；另外一方面，教育需要长期投入，短时间内不易见到成效，驱于政绩考核的压力，一些地方政府不会在短时间内更多地投入到教育方面，致使教育支出存在缺位。（4）房地产类税收对医疗公共品供给存在正向激励作用。由于医疗卫生类公共品更尊重生命至上，政府对此具有显性化责任。此外，2003年SARS疫情的袭击、经济发展水平的提高和人口老龄化的加剧，使政府更倾向于把更多的财政收入投入到医疗卫生类公共品供给方面，给全民带来最直接最紧迫最关心的福利，尽管房地产类税收对地方医疗卫生类公共品供给具有正向促进作用，但总体上来看对非经济性公共品供给仍然存在显著的"挤出效应"。（5）房地产类税收促进交通运输业的财政投入。交通运输业是经济发展的桥梁和纽带，交通运输业发展带动的经济发展更容易在短期内给政府带来显性的政绩，作为政界的"经济理性人"，地方政府将会增加交通运输业的财政支出。综合分析表明，一个地方越依赖于房地产业，该地方也越倾向于增加对交通基础类公共品的投入。（6）借鉴国外房地产税功能定位的经验，我国房地产类税收最直接的功能应该是地方政府供给公共品筹集的财政资金。借鉴美国和韩国的房地产税的目标定位，设立房地产税的指定用途，定位在民生公共品供给上；扩大征收范围，简化税制，强化和提高房地产保有税，培育房地产税为地方财政提供稳定持续的财政收入；提高民生类公共品供给，尤其是教育类公共品；房地产税相配套的财税建议为：房地产税立法中需要遵循税收法定原则，同时赋予地方一定的房地产税立法权和政策调整权，还需建立广泛的民主参与机制，多方推进，多措并举优化房地产类税制改革。

目 录 CONTENTS

总 序 …………………………………………………………… 001
摘 要 …………………………………………………………… 004
第一章 导 论 …………………………………………………… 001
  第一节 本书研究背景与意义 ………………………………… 001
    一、研究背景 ………………………………………………… 001
    二、研究意义 ………………………………………………… 003
  第二节 本书相关概念的界定及研究思路 …………………… 004
    一、相关概念的界定 ………………………………………… 004
    二、本书的研究思路 ………………………………………… 006
  第三节 数据来源与研究方法 ………………………………… 009
    一、数据来源 ………………………………………………… 009
    二、研究方法 ………………………………………………… 010
  第四节 本书可能的创新点与不足 …………………………… 010
    一、本书可能的创新点 ……………………………………… 010
    二、本书的不足 ……………………………………………… 011

第二章 房地产类税收对地方公共品供给影响的文献综述和理论基础 ………… 012

第一节 房地产类税收对地方公共品供给影响的文献综述 ………… 012
一、房地产税是受益税的研究 ………… 012
二、房地产类税收收入是用来提供公共品供给的研究 ………… 013
三、房地产类税收资本化问题研究 ………… 013

第二节 房地产类税收对地方公共品供给影响的理论基础 ………… 014
一、房地产税的受益论 ………… 015
二、林达尔的"税收价格论" ………… 015

第三章 房地产类税收的现状、影响及其相关背景介绍 ………… 017

第一节 房地产业的特征趋势及原因分析 ………… 018
一、我国房地产业的特征趋势 ………… 018
二、房地产迅速发展的原因剖析 ………… 021

第二节 房地产类税收对地方财政收入的影响分析 ………… 022
一、房地产类税收的增长趋势及特点 ………… 023
二、房地产类税收对地方财政收入的影响 ………… 025

第三节 土地出让金的现状及其收支结构 ………… 031
一、土地出让金的现状 ………… 032
二、全国土地出让金收支情况 ………… 034
三、土地出让金没有作为核心解释变量的原因分析 ………… 037

第四节 本章小结 ………… 039
一、房地产业的特征趋势及其原因分析 ………… 039
二、房地产类税收对地方财政收入的影响分析 ………… 039
三、土地出让金的现状及其支出结构 ………… 040

第四章 房地产类税收对经济性公共品供给的效应研究 …………… 042

第一节 我国地方经济性公共品供给的概况 ………………………… 043
一、我国地方经济性公共品的供给现状 ……………………………… 043
二、我国地方经济性公共品供给现状的原因分析 …………………… 045

第二节 房地产类税收对地方经济性公共品供给规模的效应研究 … 046
一、研究思路 …………………………………………………………… 046
二、研究假设 …………………………………………………………… 046
三、实证模型 …………………………………………………………… 048
四、实证结果与分析 …………………………………………………… 054

第三节 房地产类税收对交通运输类经济性公共品供给的效应研究 … 061
一、我国交通运输类公共品供给的现状 ……………………………… 061
二、研究思路和研究假设 ……………………………………………… 064
三、实证模型 …………………………………………………………… 065
四、实证结果与分析 …………………………………………………… 068
五、研究结论 …………………………………………………………… 070

第四节 本章小结 ……………………………………………………… 070

第五章 房地产类税收对非经济性公共品供给的效应研究 ………… 072

第一节 我国地方非经济性公共品供给的概况 ……………………… 072
一、我国地方非经济性公共品的供给现状 …………………………… 072
二、我国地方非经济性公共品供给现状特点和原因分析 …………… 075

第二节 房地产类税收对非经济性公共品供给规模的效应研究 …… 076
一、研究思路和研究假设 ……………………………………………… 076
二、实证模型 …………………………………………………………… 077
三、实证结果与分析 …………………………………………………… 081

第三节 房地产类税收对教育类非经济性公共品供给的效应研究 … 086
一、我国教育类公共品供给的现状 …………………………………… 086

二、研究思路和研究假设 ·· 090

　　三、实证模型 ·· 092

　　四、实证结果与分析 ·· 094

　　五、研究结论 ·· 096

　第四节　房地产类税收对医疗卫生类非经济性公共品供给的效应研究 ······ 097

　　一、我国医疗卫生类公共品供给的现状 ······························ 097

　　二、研究思路和研究假设 ·· 101

　　三、实证模型 ·· 105

　　四、实证结果与分析 ·· 108

　　五、研究结论 ·· 109

　第五节　房地产类税收对地方公共品供给现状的深层次原因分析 ······ 113

　第六节　本章小结 ·· 115

第六章　结论、政策建议与研究展望 ······························ 117

　第一节　结　论 ··· 117

　第二节　政策建议 ·· 120

　　一、我国房地产类税收功能定位的设想 ······························ 120

　　二、我国房地产类税收立法方面的改革建议 ························ 121

　　三、房地产税制设计的改革建议 ····································· 122

　　四、政府财政收入对房地产类税收的依赖度的相关改革建议 ······ 125

　　五、加大民生财政投入力度和优化财政支出结构的改革建议 ······ 127

　第三节　研究展望 ·· 127

参考文献 ··· 129

后　记 ·· 138

CHAPTER1 第一章

导 论

第一节 本书研究背景与意义

一、研究背景

改革开放以来，我国经济建设取得了举世瞩目的成绩，GDP 从 1978 年的 3645.20 亿元增长到 2013 年的 568 845.20 亿元，30 多年来年均增长率保持在 9%以上，创造了世界经济增长的奇迹。在经济发展的同时，我国财政能力大幅度提高，财政收入由 1978 年的 1132.26 亿元增长到 2013 年的 12.92 万亿元，特别是 1994 年实行分税制以来，财政收入增幅从 2001 年以来一直高于 GDP 的增幅，2007 年达到最高点 32.41%，同期 GDP 的增幅为 22.88%[1]。我国的财政支出总体规模也得到了持续扩大。然而，在财政支出总量增长的同时，财政支出结构出现了"重基建、轻民生"的现状。我国在医疗、教育、卫生等保障性方面的民生类公共品供给相对短缺，不能满足居民对民生类公共品的需求[2]，"上学贵、看病贵、养老无保障"等问题凸显。2013 年我国科教文卫类民生财政支出约占总财政支出的比重为 22.04%，所有民生类财政支出约占 49.25%。[3] 而根据国际货币基金组织（以下简称为 IMF）2013 年的政

---

[1] 数据来源：《中国财政年鉴（2014）》。
[2] 来自中国社会科学院 2013 年发布的《公共服务蓝皮书》暨《中国城市基本公共服务满意度评价（2012~2013）》最新研究表明，2013 年公共服务总体满意度为 58.71 分（总分为 100 分），2012 年公共服务满意度为 59.70 分，相较于 2011 年 54.03 分有明显提升，但公共服务总体满意度较低。
[3] 数据来源：《中国财政年鉴（2014）》。

府财政统计（以下简称为 GFS）数据表明，美国、法国、瑞典、丹麦等发达国家财政用于民生性财政支出约占总财政支出的 80% 到 90%[1]，我国与这些发达国家的民生性财政支出尚有一段距离。十八大报告具体论述了教育、医疗等与人民群众关系最直接、最密切的现实问题，强调要"努力办好人民满意的教育""统筹推进城乡社会保障体系建设"等建议，力求改善和保障民生。十八大报告奏响"民生改善"时代最强音，表明我国对民生类公共品供给越来越重视。

房地产业成为经济增长的巨大引擎，为地方经济快速增长发挥了积极的推动作用，房地产类税收对地方财税收入有重大贡献，起着强劲支撑作用。自 2000 年以来房地产业蓬勃发展逐渐成为我国的支柱产业，全国房地产开发投资额由 1998 年的 3614.23 亿元一路攀升到 2013 年的 86 013.4 亿元[2]，房地产开发投资额占据固定资产投资的比重从 1998 年的 12.72% 上升到 2013 年的 19.24%[3]，房地产投资是固定资产投资的重要组成部分，同时拉动国内生产总值 GDP 快速增长。国内生产总值的增速从 1998 年的 8.90% 一路上涨到 2013 年的 9.50%，房地产开发投资额的增速始终快于国内生产总值的增速，且到目前为止在 2009 年最大增速差距为 15.01%。伴随着房地产的迅速发展，房地产类税收也持续增长[4]，房地产类税收占税收总收入的比重快速提高，其占比从 1998 年全国最高占比甘肃省的 10.75% 攀升到 2013 年的全国最高占比辽宁省的 39.04%，几乎占据地方税收收入的半壁江山。随着房地产业税收的快速增长，对地方税收的贡献和地方经济增长的贡献日益突出，地方税收

---

〔1〕 IMF 出版的 GFS（2013）对政府购买进行分类——共分为三类：第一类为一般公共服务，包括政府间转移支付、国防、公共秩序和安全；第二类为经济性事务支出，包括农林渔牧猎、燃料能源、矿、制造建筑、运输通信；第三类为民生性财政支出，包括环境保护、房屋与社区设施、健康门诊、医疗服务、公共健保服务、娱乐文化与信仰、教育（初等教育、中等教育、高等教育）。此处民生性财政预算指的是第三类。由于中国财政统计口径与 IMF 统计口径存在一些差异，但大体财政支出项目基本相似，通过项目重新归类，降低了统计口径带来的误差，提高了计量结果的稳健性。数据根据 IMF 出版 2013 年 GFS 年鉴整理所得。

〔2〕 "2013 年全国房地产开发的销售情况"，载国家统计局网站，http://www.stats.gov.cn/tjsj/zxfb/201401/t20140120_502096.html。

〔3〕 根据中经网数据推算得到。

〔4〕 本书的房地产类税收，主要是涉及城镇土地使用税、房产税、耕地占用税、土地增值税和契税。也是我国自从《城市房地产税暂行条例》2009 年 1 月 1 日废止后，当前房地产税收体制中主要涉及的税种。

对房地产的依赖度较大,从全国范围来看,房地产类税收占地方公共财政预算收入的比重从1998年全国最高甘肃省的9.27%提高到2013年全国最高辽宁省的29.44%[1],房地产业对财政收入拉动作用显著。

房地产类税收是地方税收收入的重要组成部分,地方税收主要是用来提供公共品供给,所以房地产类税收影响地方公共品供给。本书主要尝试去探索房地产类税收对地方公共品供给的效应研究,主要是从公共品供给的两大类:经济性公共品和非经济性公共品供给进行研究。本书主要是通过全国30个省市的面板数据[2],进行房地产类税收对地方财政收入增长的推动作用和其对经济性公共品(硬公共品)和非经济性公共品(软公共品)供给效应的实证分析,揭示其内在规律,深入探究其对教育、医疗和交通类公共品的供给效应,进一步研究房地产类税收的功能定位、立法模式,地方政府对房地产类税收的依赖度和房地产税税制设计等方面的国别比较,进而提出房地产税收改革建议,为完善房地产税收制度的顶层设计提供建设性的指导,旨在提高我国政府财政支出效率,更好地提高民生类公共品的供给水平。

二、研究意义

本书主要是从两方面展开研究的:房地产类税收对地方财税收入的贡献研究;房地产类税收对地方公共品供给的效应,房地产类税收对教育、医疗和交通运输三类公共品供给的效应研究。对于本书的研究,意义阐述如下:

一方面,我国的财政支出在结构方面呈现出较为明显的偏向性特征,大量的财政资金投放到了基本建设、市政建设等生产性领域,而医疗、教育、卫生等民生类公共品供给不能满足居民的需求,本书以房地产类税收为切入点,探索其对公共品供给的效应研究,公共品又分为经济性公共品和非经济性公共品,本书用房地产类税收占地方税的比重来衡量一个地区对房地产的依赖度,公共品的供给水平用的是财政支出指标来度量,也就是说本书尝试研究一个地方对房地产的依赖度对地方政府财政支出偏好"重基建、轻民生"

---

[1] 根据中经网数据推算得到。
[2] 考虑到国家对于西藏的政策倾斜性和西藏数据的可得性,本书分析的面板数据不考虑西藏省份。

的影响,且深入探讨了房地产类税收对地方教育、医疗和交通运输等公共品的效应研究。从已有的研究来看,在国外房地产类税收作为地方政府的主要收入来源且其主要支出方向就是社会公共服务,美国绝大部分房地产税和韩国的部分房地产税指定用于提供教育公共品供给,本书尝试性地研究我国房地产类税收收入对地方公共品供给的效应。通过研究房地产类税收对财政支出规模和结构的影响,分析其理论和影响渠道,有助于对房地产类税收的改革提出纠偏地方政府财政支出的政策建议,对现实中的房地产税的改革具有理论指导意义和实践意义,也有助于提高政府民生类支出效率,优化资源配置。此外,在我国推动教育、医疗等民生类公共品供给方面进行改革的阶段,分析房地产类税收对地方公共品供给的影响将有助于为地方政府提出宝贵的改革建议。对转变地方政府职能和改善民生、保障民生,构建和谐社会有着重要意义。

另一方面,通过对房地产类税收对地方财税收入的贡献研究,让地方政府了解对房地产类税收的依赖度,对房地产的财税贡献有更深的认识。本书提出的打破地方财政对房地产业过于依赖的建议有助于政府缓解地方财政压力。目前,"营改增"之后,地方主体税种缺失,房地产类税收具有稳定税源,税基不易流动的天然属性,能够给地方政府带来持续的财税收入,营业税稳定性不强,比较容易受经济形势的影响,在地区经济发展水平高的地方第三产业相对发展较好,营业税就相对较多。所以本书主要研究房地产类税收对地方公共品供给的影响。房地产类税收是地方税的重要组成部分,而地方税又是用来提供地方公共品供给的,本研究有助于确定房地产税的目标和功能定位,推进房地产税的改革,也是响应十八大提出的"加快房地产税立法,并适时推进改革""加快构建地方税收体系"成为当前我国建立现代财政制度和科学的财税体制的重要任务的号召。

第二节 本书相关概念的界定及研究思路

一、相关概念的界定

本书主要研究的是房地产类税收对地方公共品供给的效应研究,因为目前为止这对房地产类税收没有明确的界定,所以本书需要对房地产类税收所包含的概念界定清楚，同时地方公共品又包含经济性公共品和非经济性公共品，在已有的研究文献中，对经济性公共品和非经济性公共品又有很多称谓，这里给予其明确界定。

(1) 房地产类税收

与房地产业相关的税种很多，房地产业主要涉及的税种有：营业税、城市建设维护税、城镇土地使用税、土地增值税、房产税、印花税、企业所得税、个人所得税以及契税。本书所称谓的房地产类税收主要是借用刘佐和贾康在《中国税务年鉴（2013）》提到的房地产相关的五个税种：城镇土地使用税、房产税、耕地占用税、土地增值税和契税。这也是我国自从《城市房地产税暂行条例》2009年1月1日废止后，当前房地产税收体制中主要涉及的税种，也是学术界对房地产相关税种看法相对一致的税种。

(2) 地方公共品、经济性公共品和非经济性公共品

公共品就是由公共部门提供的用来满足社会公共需要的商品和服务。公共品具有不可分割性、非竞争性和非排他性。公共品按受益范围可以分为两类。一是地方性公共品，其消费受区域限制，主要由当地居民受益，超过一定范围会大大减少效用，如城市建设维护、交通运输等。二是全国性公共品，即全国公民共同受益的公共品，如国防、外交、环境治理等。

地方公共品按照投入时间和产出效率以及能否带来更多的外部性可分为经济性公共品和非经济性公共品（傅勇，2010）。经济性公共品具有投入时间短，见效快的特点，同时具有较强的外部性。相对而言，直接进入地方官员任期内的（或当期的）生产函数，能够给政府带来较为显著的政绩，对当期经济增长有直接的贡献，从而推动该地区的经济较快发展。总之，经济性公共品投入产出比较高，外部性较强，比较容易凸显地方政府政绩，吸引外商投资等。经济性公共品也称为硬公共品、生产性公共品，现实中范围比较广泛，比如基础设施建设包括交通运输，机场，港口，桥梁，通讯，水利及城市供排水供气，供电设施和提供无形产品或服务于科教文卫等部门所需的固定资产等方面。非经济性公共品投入时间长，见效较慢，但本书主要特指的是城乡社区事务、农林水事务和交通运输三类公共品。相对而言，非经济性公共品不能给政府带来较显著的政绩，但却是地区经济长远发展的推动力和助推器，比如教育、医疗卫生等公共品，投入见效较慢，外部性较弱。非经济性公共品也称为软公共品、民生类公共品，本书中的非经济性公共品主要

是指科学技术、教育、文化体育与传媒、医疗卫生与计划生育（以下简称为"科教文卫"）四类公共品。

公共品供给的投入指标是以财政支出的多少来衡量的。经济性公共品供给的支出指标为：人均生产类等财政支出。基本建设支出从2007年预算分类改革开始已经没有此指标，所以从2007年开始，采用城乡社区事务、农林水事务和交通运输等生产性财政支出作为基本建设支出的代理指标，为了消除人口个体异质性的影响，具体指标采用的是人均每年财政支出增量来衡量。为了进一步准确地度量财政每年在经济性公共品投入多少，本书采用每年人均经济性公共品财政支出占人均财政总支出的比重来衡量。

非经济性公共品供给的支出指标为：人均科教文卫等四个方面的财政支出，人均每年分省的有关科教文卫等方面的财政支出（范子英和张军，2013；邓可斌和丁菊红，2009；平新乔和白洁，2006）。为了进一步准确地度量财政每年在非经济性公共品投入多少，本书采用每年人均非经济性公共品财政支出占人均财政总支出的比重来衡量。

此外，从地方政府间竞争的角度看，相对于非经济性公共品而言，地方政府更倾向于依靠改善经济性公共品供给吸引外商投资，进而更好地推动地方政府政绩增长。把公共品分为上述经济性公共品和非经济性公共品也是公共经济学的通行做法。

二、本书的研究思路

本书主要是从目前我国财政支出的现状出发进行分析的。我国的财政支出在结构方面呈现出较为明显的偏向性特征，呈现"重基建、轻民生"的局面。收入影响支出，房地产类税收对地方财税收入有重大贡献，从房地产类税收对地方财税的影响的角度切入，围绕房地产类税收对地方公共品（经济性公共品和非经济性公共品）供给规模和结构的影响，最后通过房地产类税收的目标定位、税收立法及其税制的国别比较，借鉴国外经验，结合本国国情，提出房地产类税收相关的改革建议，优化房地产税制改革。围绕这一主线，全书共六章。图1.1描述了本书整个研究的逻辑思路和框架设计。本书的研究结构具体阐述如下：

第一章，导论。首先对本书的研究背景和研究目的给予阐述，表述本项研究的价值，对本书研究目的和研究意义进行说明。第二节阐述本书相关概念的界定及研究结构框架。第三节介绍研究过程中采取的主要技术方法、工具以及实证分析变量、阐明数据来源。第四节指出本书可能的创新点与不足，并对研究的进一步拓展做简单展望。

第二章，房地产类税收与地方公共品供给的相关文献综述和理论概述。对相关文献进行梳理评述，系统总结国内外研究的进展及成果，并对其相关的理论进行概述。

第三章，房地产类税收对地方财政收入的影响研究。第一节阐述了房地产业的特征趋势及其原因分析，并梳理了我国房地产业的特征趋势，对我国房地产迅速发展的原因深入剖析，为第二节做铺垫。第二节细致研究了房地产类税收对地方财政收入的影响。第三节分析了土地出让金的现状及其支出结构等。第四节为本章小结。

第四章，房地产类税收对经济性公共品供给的效应研究：实证分析。本章为重点章节，承接第三章房地产类税收对地方财政收入的影响，第四章主要研究的是房地产类税收对地方经济性公共品供给的效应，因为经济性公共品供给是以财政支出指标来衡量的，所以这章主要是研究房地产类税收对地方财政支出的影响。本章从经济性公共品供给的规模和结构实证分析了房地产类税收对地方经济性公共品供给的效应。

首先，第一节分析我国地方经济性公共品供给的概况。这一节从我国地方经济性公共品的供给现状和地方经济性公共品供给现状的原因分析两个方面来论述；其次，第二节实证分析房地产类税收对地方经济性公共品供给规模的效应；再次，第三节鉴于经济性公共品的典型代表是交通运输类公共品，深入细致地研究房地产类税收对交通运输类公共品供给的效应；最后，第四节为本章小结。

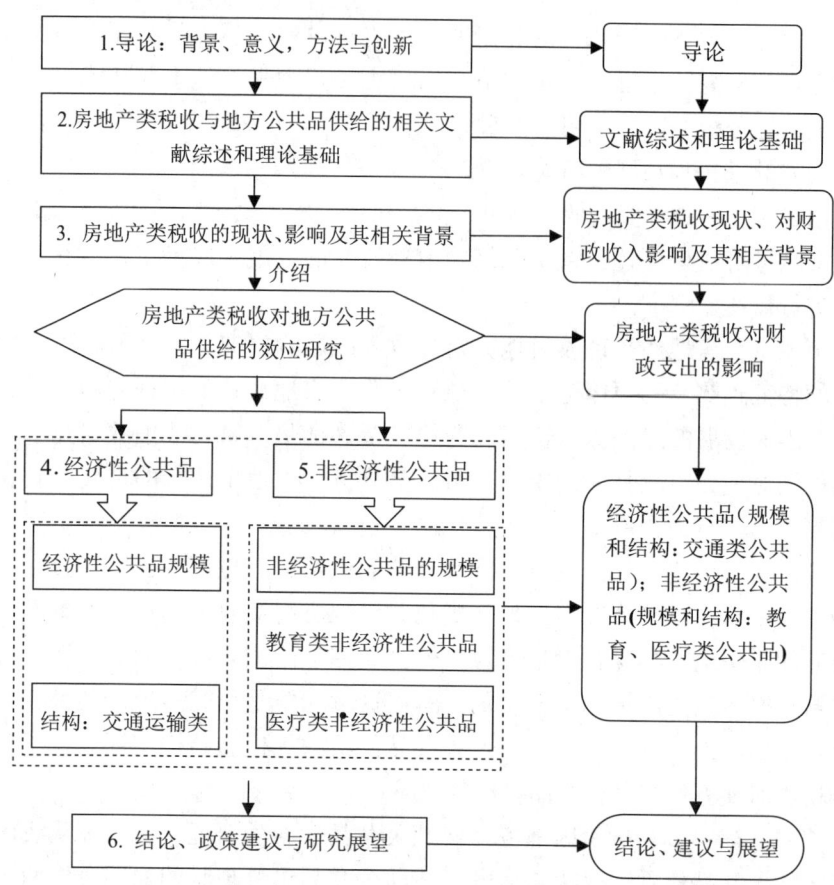

图 1.1 本书研究的思路框架图

第五章，房地产类税收对非经济性公共品供给的效应研究：实证分析。本章为重点章节，承接第四章主要研究房地产类税收对地方经济性公共品供给的效应，因为本书界定地方公共品为经济性公共品和非经济性公共品，所以这章主要是研究房地产类税收对地方非经济性公共品供给的效应。本章从非经济性公共品供给的规模和结构实证分析了房地产类税收对地方非经济性公共品供给的效应，通过上述章节的实证研究，探究房地产类税收对地方公共品供给现状的深层次原因，为后面章节提出房地产类税收的改革建议作铺垫。

首先，第一节阐述了我国地方非经济性公共品供给的现状、特点和原因；其次，从非经济性公共品的规模和结构方面，实证研究房地产类税收对非经济性公共品的规模和结构中的教育类和医疗卫生类公共品的效应；最后，第五节是通过上述章节的实证研究，分析地方政府之所以出现上述的财政支出结构偏好的深层次原因。第六节为本章小结。

第六章，结论、政策建议与研究展望。对全书主要结论和实证分析结果进行总结，提出房地产类税改革的政策建议，并对后续研究给予展望。

第三节 数据来源与研究方法

一、数据来源

本书研究的数据来源如下：采用了 2007~2013 年全国 30 个省、自治区和直辖市层面的数据（西藏除外）。一是核心解释变量：房地产类税收。城镇土地使用税、耕地占用税、土地增值税、契税和房产税等数据来源于《中国统计年鉴》，部分缺失数据来源于《中国财政年鉴》。科教文卫、交通运输类以及城乡社区事务、农田水利建设类财政支出数据来源于历年《中国统计年鉴》[1]。另外，各个公共品供给产出指标如每千人拥有床位数、每万人拥有医生数、人均拥有公共图书馆馆藏、人均铺装道路面积等数据来自于国研网统计数据库中的宏观经济数据库，部分缺失数据分别在《中国教育统计年鉴》《中国城市统计年鉴》《中国卫生统计年鉴》得到；小学师生比是根据《中国教育统计年鉴》中的各个省市的小学学生数、小学专职教师数计算得出。二是控制变量。土地出让金数据来源于《中国国土资源统计年鉴》；净转移支付数据为中央转移支付扣除地方上解支出，其中五个计划单列市分别考虑在其隶属省之内，中央转移支付和地方上解支出数据来源于《中国财政统计年鉴》；人口老龄化数据来源于历年《中国统计年鉴》；各地区实际利用外资额数据取自各省市历年经济统计年鉴及 30 个省市社会发展公报；人口总量，城市化率，城市人口密度，国内生产总值，第二、三产业结构等数据来自于《中国人口和就业统计年鉴》和《中国城市统计年鉴》，其中部分不全数据通过 30 个省份的省市统计年鉴计算得到。

---

[1]《中国统计年鉴》中的省级财政收支数据仅仅是一部分地方财政公共预算收支的数据，而非整个财政总收支的数据。

二、研究方法

在研究方法上，本书主要以定性分析与定量分析相结合、规范和实证相结合的方式进行研究，同时，通过大量的图表来论证所要研究的问题，采用以面板数据为主的计量分析方法，主要包括：作为基准回归参照的普通最小二乘法（OLS），用来捕捉地区间不可观测个体异质性的固定效应（FE）模型或随机效应（RE）模型，为克服变量内生性、提高估计效率的工具变量模型（包括2SLS、LIML和IV-GMM），另外运用交互项来阐释核心解释变量在交互项的作用下对被解释变量的影响机制；在稳健性检验过程中，对被解释变量采用的另外一个指标运用熵值法来衡量；在具体计算过程中，也大量使用统计学领域的方法技术，诸如直观图形描述、相关性统计等；在国别比较的论述中运用比较分析方法。总体全书主要进行实证分析，力求做到规范与实证分析的有机结合。

第四节 本书可能的创新点与不足

一、本书可能的创新点

本书可能的创新点主要体现在三个方面：

一是在研究的对象上，本书以房地产类税收为切入点，以一个地方对房地产业的依赖度作为研究对象，规模上细分公共品为经济性公共品和非经济性公共品，结构上细致分为教育、医疗和交通运输类三个方面分别实证研究，运用支出指标，克服了产出指标的过往年度积累依赖性的缺陷，从而更能真正体现房地产依赖度对地方公共品供给也就是地方政府财政支出相关结构的影响。

二是在研究的内容上，本书主要关注房地产类税收对地方公共品供给的效应，公共品分为经济性和非经济性公共品，首先本书具体研究对这两类的供给效应。同时也细致到研究非经济性公共品的分类：教育和医疗方面深入研究，并对经济性公共品供给的交通运输类公共品展开研究。最后，借鉴国外房地产税收的功能定位、立法模式和房地产税税制设计的经验，相应地提出房地产税的改革建议，完善和重构我国房地产税制。

三是研究的方法上，本书采用以面板数据为主的计量分析方法，主要包括作为基准回归参照的普通最小二乘法（OLS），用来捕捉地区间不可观测个体异质性的固定效应（FE）模型或随机效应（RE）模型，为克服变量内生性、提高估计效率的工具变量模型（包括 2SLS、LIML 和 IV-GMM）等。

二、本书的不足

相对于可能的创新，本书的不足为：一是本书没有考虑房地产类税收对地方公共品供给的空间效应。房地产相关税收对地方公共品供给效应的影响也会受到地区时空之间的相互影响，地区之间公共品供给的相互竞争、相互模仿，房地产类税收在空间上也会相互影响，进而对公共品供给产生影响。本书没有对其空间溢出效应做进一步的研究。二是本书对于房地产类税收对地方公共品供给的效应研究中的内生性问题处理不够，没有找到特别合适的工具变量，如人均土地出让面积（陆铭，2015；陈斌开和杨汝岱，2013）与本书模型中的人均土地出让金相关，所以不能满足工具变量的两个严格条件。另外，相关的人口密度、地理和经济维度的代理变量也均在模型中控制，本书拟定以人口年龄结构比例如 25~45 岁的人口占比作为工具变量考虑，也就是考虑到这个年龄阶段的刚需买房和置换用房等需求引起的房地产类税收的增加。目前除了在 2010 年第六次全国人口普查中能找到相关数据之外，其他年份的数据都没有找到，若是能找到相关数据，也可以在房地产类税收对地方公共品供给的效应研究方面做进一步的完善。

第二章
房地产类税收对地方公共品供给影响的文献综述和理论基础

第一节 房地产类税收对地方公共品供给影响的文献综述

关于房地产类税收对地方公共品供给的相关文献综述并不是很多。

本书拟从两个方面：房地产类税收与公共品供给和与本书章节论述相关的影响公共品供给的因素展开综述，具体阐述如下：

一、房地产税是受益税的研究

房地产税是一种受益税，实质是享用公共品供给的价格。以 Tiebout 为代表的经济学者开始将房产税与公共服务联系起来，Tiebout 指出房地产税是地区内居民购买公共服务的成本，认为在劳动力自由流动的情况下，居民通过迁移居住地来选择最优的地方公共品供给水平（Tiebout，1956）。"用脚投票"的机制会迫使地方政府收取最少的"费用"并提供最好的公共服务，也就是把辖区的房产税与公共服务匹配起来，考虑到地方政府经常性地用这项税收收入来提供相关的公共服务，诸如社会治安、教育、医疗和消防等，故房地产类税收实质上是一种服务使用费。因此房地产税满足"税收受益原则"，房地产税影响当地的公共支出（Tiebout，1956；Hamilton，1976；Fischel，1993；Fischel，2001）。据此，他们认为房地产税本质上是公共品的价格，即利益税而非资本税。但是，Fischel 指出该结论是有严格的前提假设的，例如居民能够通过"用脚投票"机制表达他们对公共品的偏好以及地方政府可以根据居民的需求做出决策等（Fischel，2010）。可见，房产税在上述的前提假设下是一种受益税，作为政府（国家）提供公共服务的公共产品，付出的费用也就必须由社会成员通过纳税来补偿，从而税收也就具有了公共产品"价格"的性质（林达尔，1919）。考虑到地方政府经常性地用房地产类税收收入来提供相关的公共服务，诸如社会治安、教育、医疗和消防等，故房地产类税收实质上是一种服务使用费。房地产类税收理应被视为辖区内居民为消费公共品而必须支付的价格（Hamilton，1976），这个观点和税收价格论观点趋同。

二、房地产类税收收入是用来提供公共品供给的研究

房地产类税收大都是地方政府为提供地方公共品供给筹集的资金。对于大部分国家来说，房地产类税收都是地方财政收入的主要来源之一，并将其收入直接用于科教文卫等公共支出（黄璟莉，2013）。比如美国基础教育经费房产税占一半，在美国基础教育公立学校的经费来源中，房产税占了45%～50%，其余45%左右由州政府承担，而剩余的8%左右是联邦政府承担[1]。针对我国国情，开征房地产税对地方财政可能带来的影响重点有两个方面：一是房地产税的征收有利于地方财政收入稳步增长，二是能够有效抑制地方政府的短视行为，促进地方政府加大对地方公共品的投入力度，提高财政支出的效率（李晓英，2010）。

三、房地产类税收资本化问题研究

资本化问题清晰地说明了房屋购买者切实了解社区之间的财政状况和公共品服务水平的差别。Oates（1969）首先提出并提供了相关统计证据，对美国新泽西州北部的53个城镇进行调查，以此分析了房地产类税收和地方公共支出对房产价值的影响，研究结论为：居民的财产价值主要通过其所拥有的房地产价值体现出来。在公共服务水平不变的情况下，房地产税负与房地产价值负相关；在房地产税负不变的情况下，公共服务水平与房地产价值正相关，即公共服务资本化于房地产价值中。而Hymanand和Pasour（1987）通过对美国北卡罗来纳州的106个城镇研究发现，在大城市以外，房地产类税收

---

[1] 数据来源："美国房产税是用来搞教育的"，载新浪网，http://news.gd.sina.com.cn/nes/20120529/1301357.html，最后访问时间：2012年5月29日。

和地方公共支出对房地产价值的影响不确定。即房地产类税收和地方公共支出并不一定会资本化到房地产价格中。杞明（2005）利用 Tiebout 的"用脚投票"理论解释了我国地方政府的公共支出促进了房价上涨。梁若冰和汤韵（2008）通过动态面板回归模型检验了 35 个中国大中型城市的住房价格与地方公共品供给之间的关系。研究发现：无论是以地方财政支出强度（intensity）指标，还是以地方公共服务的主成分分析指标表示的地方公共品变量，其对商品房价格都存在显著的正面影响，在一定程度上显示出中国出现了地方公共服务资本化的现象。踪家峰等（2010）利用中国 30 个省市自治区 1999～2008 年的面板数据，对地方财政支出是否资本化进行了研究，他们着重分析了商品房平均销售价格与财政支出水平之间的关系。结果表明，中国的地方财政支出与房地产价格呈正相关关系，地方财政支出有部分资本化到房地产价格中。李祥等（2012）通过研究中国大陆 1998～2009 年的省际面板数据，发现公共支出强度与公共服务水平均与房价呈显著正相关关系，也论证了房地产类税收资本化的观点。

上述文献表明了房地产税是一种"受益税"和使用费，是居民为享用辖区的公共品而支付的价格或者费用，地方政府用房地产类税收收入提供公共品或者公共服务。在国外房地产类税收和财政支出会资本化到房地产价格中，在国内地方财政支出和公共品服务水平部分资本化到房地产价格中。房地产类税收影响公共品供给，公共品大致上分为经济性公共品和非经济性公共品，但在现有的文献中，房地产类税收对地方经济性公共品和非经济性公共品供给的效应如何，对这两类公共品供给效应有没有差别，并没有展开深入细致的研究，本书尝试去探索房地产类税收对地方公共品供给的偏好，按照公共品的分类：经济性公共品和非经济性公共品两个方面来研究，同时细致深入研究房地产类税收对非经济性公共品（教育医疗）和经济性公共品（交通运输类）的供给效应。

第二节 房地产类税收对地方公共品供给影响的理论基础

本节房地产相关税收对地方公共品供给的相关理论概述拟从下面两个方面展开论述：房地产税的受益论、林达尔的"税收价格论"。具体论述如下：

第二章 房地产类税收对地方公共品供给影响的文献综述和理论基础 ❖

一、房地产税的受益论

房地产税是受益税。以蒂布特、奥茨和汉密尔顿等人为代表的"受益论"者认为,在房屋的不可流动性与居民的可流动性、分辖区管理的规划下,通过中位选民对该辖区的公共品或者公共服务进行合理投票行为(Fischel 视为"股东投票"),这样就把该辖区居民所缴纳的房产税和公共品供给联系起来,大量研究事实表明房地产税是受益税:首先,房产税收入充实辖区政府财政收入;其次,政府利用征收来的房产税收提供辖区的公共品或者公共服务;最后,辖区的居民享受该辖区的政府提供的公共品或者公共服务。其中,分区管理是房产税受益论的前提。辖区的居民同时还是投票者,具有双重身份,居民还能通过自由流动,选择某一社区,缴纳房产税再享受辖区内政府提供的公共品或公共服务等,这就是 Tiebout 模型的精髓。也就是说房地产税是居民为享受辖区内的公共服务所支付的税负或者价格。毋庸赘述,房地产税在辖区内被视为人头税。Nechyba(2000)研究发现:因为房屋具有不可流动性,居民具有流动性才使得房产税成为受益税,这两个条件也是受益论有效成立的两个重要前提条件。

从上述房地产税的受益论可以发现,Tiebout 提出房产税受益论,实际上是居民购买辖区内的公共服务或者产品付出的使用费。地方政府的征税对象是谁,就应该更好地为征税对象提供公共品服务。本书运用这一理论尝试论证房地产类税收也是居民享用地方公共品供给而付出的费用,房地产类税收对地方公共品供给方面存在影响。

二、林达尔的"税收价格论"

税收价格论起源于 17 世纪欧洲的"公需说"和"交换说"。"公需说"认为,税收存在的依据在于纳税人对公共需要和公共福利的要求,国家的职能是满足公共需要和增进公共福利,这一职能的实现需要税收来提供物质资源。"交换说"认为,税收是纳税人为获得国家提供的安全保护和公共秩序等公共品所付出的一种代价,国家和纳税人之间是一种利益交换关系,国家征税的依据是其向纳税人提供了公共品。林达尔在"公需说"和"交换说"的基础上,进一步系统地提出了税收价格论。

税收与政府提供的公共产品和服务是政府与公民之间税收契约存在的载体。政府（国家）提供公共服务的公共产品以及公共服务，它由社会成员私人消费和享受，社会成员必须通过纳税来补偿政府（国家）由此而付出的费用。从这个角度来看，向政府纳税和享受政府提供的公共品和公共服务，体现了公共财政中典型的市场等价交换行为，因此税收便具有了公共产品"价格"的特性。

林达尔的"税收价格论"也阐述了税收是居民享用辖区内公共品在交换过程中所支付的价格，那么房地产类税收也是居民享用辖区内公共品所支付的费用。

CHAPTER3 第三章
房地产类税收的现状、影响及其相关背景介绍

本章主要探究的问题是房地产类税收对地方财政收入的影响，房地产类税收是地方税收收入的重要组成部分，而地方税收收入主要用于提供地方公共品供给。本章采用财政支出的每年增量来度量公共品供给这个指标，因此房地产类税收会对地方财政支出结构产生显著作用。地方政府对不同的公共物品供给有着不同的兴趣（傅勇，2010），所以房地产类税收可能对地方财政支出结构也存在偏好，这也是本书下一章的重点研究内容。同时，本章关于房地产类税收对地方财政收入影响的研究，也为第四章房地产类税收对地方公共品供给效应的研究做铺垫。

本章房地产类税收对地方财政收入的影响先从房地产行业的发展背景分析开始：自1999年房地产改革以后，房地产行业蓬勃发展起来。2003年，国务院将房地产业列为国民经济支柱产业，房地产行业是一个国家宏观经济的晴雨表，房地产行业与国民经济相互促进、相互制约、相互影响。房地产业是国民经济的主要组成部分，必然受到国民经济发展水平的制约。反过来，国民经济发展速度越快，发展水平越高，也会刺激房地产业的快速发展。房地产行业也逐渐成为我国支柱性产业。房地产业的发展也有其周期性，尤其是随着国家政策而改变。自1999年以来，国民经济快速发展带动了房地产业的前所未有的繁荣发展，2003年以来，房地产过热的"房政"和"泡沫"大争论平抑了房地产过高增速，2007年年底开始的世界经济大萧条，房地产行业持续萧条，2009年下半年开始，我国房地产业量价齐升，成交量和房地产价格都"井喷式"暴涨，2012年央行多次降息、购房银行八五折贷款优惠重现，引致房地产行业的又一轮爆发。2013年3月1日新"国五条"细则出台，

对二手房交易中个税按个人所得的20%征收，引发了房地产市场的提前频繁交易。2014年，二套房首付比例和贷款利率的调高以及限贷限购政策促使全国楼市整体回落，但年底出现回暖。2015年中国人民银行3个月内两次下调存贷款基准利率的定向宽松的货币政策，国家又出台了个人转让两年以上住房免征营业税和二套房贷款首付比降至四成的优惠政策，刺激房地产业再度腾飞。

随着城镇化脚步加快，居民的消费结构改变，改善居住环境的需求增加，房地产投资保值的观念深入，房地产业蓬勃发展起来。全国房地产投资总额增速，房地产业市场规模迅速扩大，带动房地产类税收保持高速增长，2013年房地产对税收增长贡献较大，合计入库12 149.15亿元，房地产类税收占地税总收入比重为22.69%，增量贡献超三成（32.19%）。2012年土地出让金占比公共预算收入的45.97%，2012年房地产类税收占公共预算收入的比重为16.58%，两者汇总占公共预算的比重为62.51%[1]。以上分析表明：房地产业逐渐成为拉动经济增长的重要产业，甚至成为部分省市的支柱产业，房地产业已逐步成为地方政府财政收入的重要来源，房地产类税收对地方财政收入贡献较大。

第一节 房地产业的特征趋势及原因分析

一、我国房地产业的特征趋势

（一）房地产开发投资快速增长，东部投资总额领先，西部投资增幅领先

近年来，我国房价节节攀升，房地产市场火爆异常。1999年以后各市的房地产投资均快速增长。其中，东部地区在房地产投资总量高居榜首，其后分别为中部和西部。总体上，投资额大致呈现东部、中部、西部由高到低的梯度，投资增速在1999~2012年间则呈现相反的趋势，房地产投资增幅呈现中部、西部和东部由高到低的趋势。

---

[1] 根据《中国税务年鉴（2014）》和《中国国土资源年鉴（2014）》统计计算得到。

第三章　房地产类税收的现状、影响及其相关背景介绍 ❖

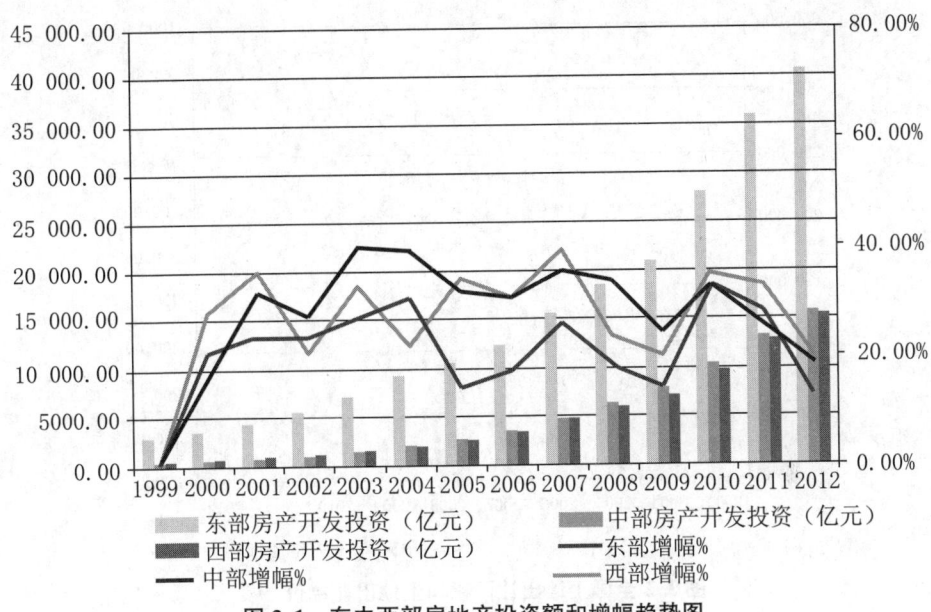

图 3.1　东中西部房地产投资额和增幅趋势图

(二) 地价持续攀升，房价上涨压力加大

地价推高房价，地价持续攀升导致房价上涨压力加大，具体见图 3.2：

近年来，房地产价格的攀升反映了需求空间较大，产生对土地的大量需求，从而引发了土地价格上涨。全国土地价格一直处于上涨趋势，且上涨幅度较大，仅 2012 年有所回落。上图显示 2003 年至 2012 年土地出让的面积呈"M"形，土地出让的单价一直攀升，到 2012 年有所回落，并且从 2007 年开始土地出让的单价上涨幅度高于土地出让面积的上涨幅度，也就是说土地出让面积是有限的，这种情况下，土地出让单价的上涨速度开始快于土地出让面积的上涨速度。高地价对房价推波助长，加大了房价上涨的压力。

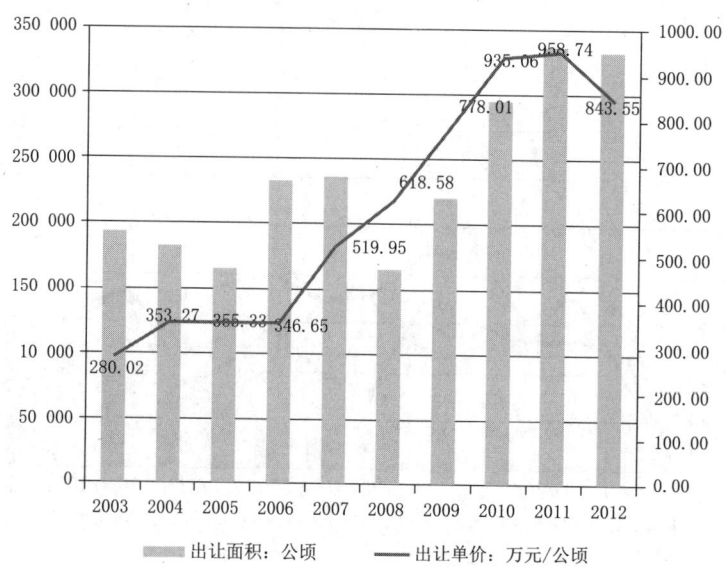

图 3.2 全国土地出让面积和土地出让单价[1]

2009 年房地产土地成交价款同比增长为最高点 67.45%，但土地出让面积却增长 33.13%。从全国住宅成交土地均价来看，从 2003 年的 280.02 万元/公顷增长到 2011 年的 958.74 万元/公顷[2]，地价的上涨远远快于出让面积的增长。理论上，土地成本作为房地产开发的主要成本和房价构成的主要要素之一，它的价格不断上涨必定助推到房价的持续上涨。值得注意的是，全国待开发土地面积一直保持着较大的存量，截止到 2012 年年底，全国房地产开发企业待开发土地面积达 40 195.99 万平方米[3]，仍处于历史较高水平，按照近 10 年的开发力度，一年房地产开发土地面积平均为 20 008 万平方米来看，2012 年当年的土地存量还可供开发两年以上。如果已购置的土地不能及时得到开发，在目前土地资源十分紧缺，价格不断上涨的形势下，以后房价

---

〔1〕 土地出让面积和土地出让单价均来自于《中国国土资源统计年鉴》，另外土地出让单价=土地出让收入/土地出让面积获得。因为 1999～2002 年间，《国土资源统计年鉴》只有土地出让收入，没有成交价款，从 2003 年开始到 2012 年才有土地出让成交价款，所以根据成交价款/出让面积计算得到的土地出让单价也只有 2003～2012 年的数据。据此数据得到此表格所代表的时间阶段为 2003～2012 年间。

〔2〕 数据来源：《中国国土资源统计年鉴》(2004～2013)。

〔3〕 数据来源：《中国统计年鉴 (2013)》。

上涨的压力会继续加大。

二、房地产迅速发展的原因剖析

(一) 经济增长是房地产迅速发展的源动力

2000年以来全国GDP增幅始终保持两位数字增长,2007年和2011年的GDP增幅分别为14.2%和17.78%,即使在2008年国外形势影响下,经济增速放缓,全国GDP还保持9.7%的增幅[1],并伴随着国家适度宽松的货币政策和四万亿的投资刺激了建筑业和房地产业的新一轮发展。房地产带动众多产业,并且得到政府扶持是房地产行业发展的重要支撑。一方面,房地产业涉及的上下游行业非常广泛,主要涉及水泥、钢铁等材料、建筑业、家居业、设计业、银行业、电力水利、装修装潢等众多行业,形成一个产业链条,并成为众多产业的主导力量。牵一发而动全身,房地产业的发展趋势对产业链上相关产业冲击很大。另一方面,政府对房企融资和开发方面给予很多金融和税收扶持政策。

(二) 城镇化脚步加快成为房地产快速发展的巨大推动力

城市化进程加快促进人均住房面积逐年递增,相应的刚需、人口红利、城镇化和工业化、旧城改造、住房改善等带来的自住性需求、改善性需求、拆迁改建需求的增加共同构成了巨大的刚性需求。

(三) 产业政策支持是房地产行业发展的重要支撑

房地产业自1998年为应对东南亚金融危机而启动住房货币化改革以来,由于在驱动投资和促进消费方面的独特优势,其政策定位不断强化,由"新的经济增长点"到2003年首次定位成"国民经济的支柱产业",房地产行业成为经济增长的重要引擎和增长极。

(四) 投资渠道缺乏,房地产成为居民投资保值的重要渠道

对居民而言,当前投资渠道缺乏,相对其他的投资品而言,房产的风险更低,近年来的收益回报也很高。因此,资金进入楼市,也成了保值增值的

---

[1] 数据由《中国统计年鉴》(2008~2012) 得到。

合理需求，但众多居民的投机心理严重。对企业而言，原本做实业的企业目前也有很多在变相地做房地产投资。

第二节 房地产类税收对地方财政收入的影响分析

1999年房改以来，房地产业成为经济增长的巨大引擎和增长极，为地方经济快速增长发挥了积极的推动作用，房地产业对国民经济发展有重要作用，房地产业能直接和间接地促进国民经济增长。房地产业的快速发展，可以带动上下游的行业发展，上游产业如水泥、机械、建材、钢铁和化工等，下游产业如装修业、家居、家电、家具等。房地产业是第三产业的重要支撑，也是营业税的最大来源行业。2012年，房地产类税收收入占比第三产业营业税的33.09%[1]。房地产业的相关税费对地方财政收入增长贡献较大，起着强劲支撑作用。房地产业涉及的税收、土地出让金等充实地方财政收入，更是地方公共品供给的重要来源。

房地产业已逐步成为地方政府财政收入的重要来源。房地产类税收对地方财政收入增长的推动作用逐渐增强。房地产行业有关的税收收入可以分三个环节来考虑，鉴于各省市的经济异质性带来的房地产类税收差别较大，也考虑到数据的可得性，本书主要考虑房地产相关的税收：开发环节的耕地占用税；交易环节的土地增值税；保有环节的房产税、城镇土地使用税；还有开发和交易环节均有涉及的契税。本书结合1999年以来全国房地产市场运行情况，针对地方财政收入对房地产类税收的依存度进行实证分析，探究地方财政收入依赖房地产业的原因并预测其趋势。

[1] 由《中国税务年鉴（2012）》数据推算得到。

第三章　房地产类税收的现状、影响及其相关背景介绍

一、房地产类税收的增长趋势及特点

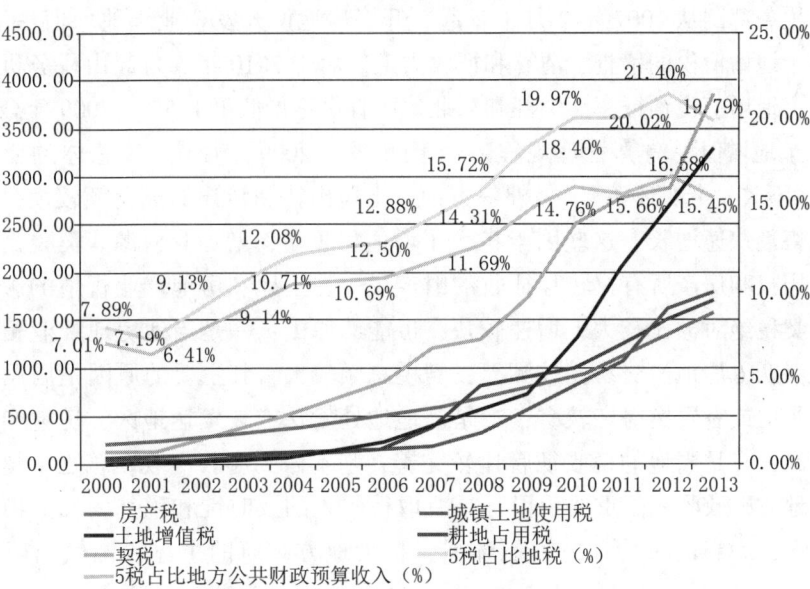

图3.3　全国房地产类税收及其占地方公共财政预算收入的比重（单位：亿元）

从上述图3.3中，我们可以得到以下结论：

第一，房地产类税收占地方税收收入的比重从2007年开始保持在15%以上，占地方公共财政预算收入的比重自2004年以后在10%以上，已成为地方税收收入的主力军，是地方财政收入的重要支柱。全国在2012年房地产类税收绝对额和相对额均占据历史高点。房地产类税收占地方税收收入和房地产类税收占地方公共财政预算收入的比重从2000年的7.89%和7.01%，一路攀升到2012年的21.40%和16.58%，2013年受经济下滑的影响其占比略有下降。

房地产类税收总量呈现出高速增长态势，但各税种之间的增幅差异明显，进而影响到各税种所占比重发生明显变化。从总体上来看，房地产类税收均呈现攀升的趋势，尤其是契税、耕地占用税和土地增值税三个税种。

契税增幅较大，绝对量上从2003年以来在房地产类税收中独占鳌头，起着举足轻重的作用。土地增值税的增幅最大，其绝对量也较大。城镇土地使用税和房产税相对增幅不是很大。土地增值税迅猛增长原因分析如下：一方面政府加大对土地增值税宏观调控和清算，并且提高预征率和征收力度。国

家先于 2006 年 12 月 28 日由国务院签发《国家税务总局关于房地产开发企业土地增值税清算管理有关问题的通知》（国税发［2006］187 号）文件，要求各地税务部门从 2007 年 2 月 1 日起，开展房地产开发企业土地增值税清算，加强土地增值税的稽查、清算和征收力度。后于 2010 年 5 月起由税务机关提高了土地增值税预征率，中部和东北地区省份不得低于 1.5%。2009 年全国通行《土地增值税清算管理规程》（国税发［2009］91 号），总体的要求是"新账不欠，老账还清"。另外一方面，土地出让和转让的成交额较大，商品房销售额快速增长，这些因素扩大了增值税税基，增加其税源。契税是对土地使用权和房产所有权转移征收的财产税，受土地和房地产业行情的影响较大。契税绝对额比较大，增速较快，可能的原因：一是当地房地产业相对发达、活跃，房地产交易比较频繁，契税总额较大，其主要的原因是居民因为刚需买房或者置换房产较多；二是当地地处发达或较发达地区，房地产价格比较高；三是当地的税收征管比较完善，基本做到应收尽收。总之，契税是筹集地方财政收入的重要手段，具有取得收入的及时性和税基增长的稳定性的特点，为当前重构地方税制体系，扩大地方政府的主体税源做出了重要贡献。

第二，耕地占用税的增幅和绝对量都较大。针对耕地占用税的改革初见成效：在 1999~2006 年间耕地占用税征收范围偏窄、税负偏轻、税负不公的问题也日益突出，其保护耕地的作用日益弱化，调节职能的发挥也受到了制约。中央明确提出最严格保护耕地的要求。要求通过税收手段调节占地、加大保护耕地的力度，2006 年中央一号文件《中共中央、国务院关于推进社会主义新农村建设的若干意见》（中发［2006］1 号）明确提出了"提高耕地占用税税率"的要求。2006 年 8 月，国务院下发的《国务院关于加强土地调控有关问题的通知》（国发［2006］31 号）中提出，要提高耕地占用税征收标准，加强征管，严格控制减免税。2007 年党的十七大报告再次强调要严格保护耕地，并提出了建设资源节约型社会的要求。这是运用税收政策严格保护耕地、促进资源节约和环境保护的重要举措，上述多措并举提高了耕地占用税的税收收入。

第三，税种发展空间不同，房产税最具发展潜力。城镇土地的使用税增长幅度有限，基本保持稳定，但房产税潜在增长空间较大。十八大报告中指出：加快改革财税体制，健全中共和地方财力与事权相匹配的体质，……构建地方税体系，形成有利于结构优化、社会公开的税收制度。目前房地产类税收面临改革，理论上来讲，房地产税拥有成为地方主体税的特点：房地产税具有税源丰富、税基广泛稳定且具有非流动性的特点，并且对经济有弹性，促进经济增长，调节收入分配，税负均衡等；确保地方间财力均衡，也能协调和兼顾中央与地方税收收入。若是全国范围内推进房地产税的改革，房地产税将很大概率上可能成为地方主体税种，所以其很具有发展潜力。分析图如下图所示：

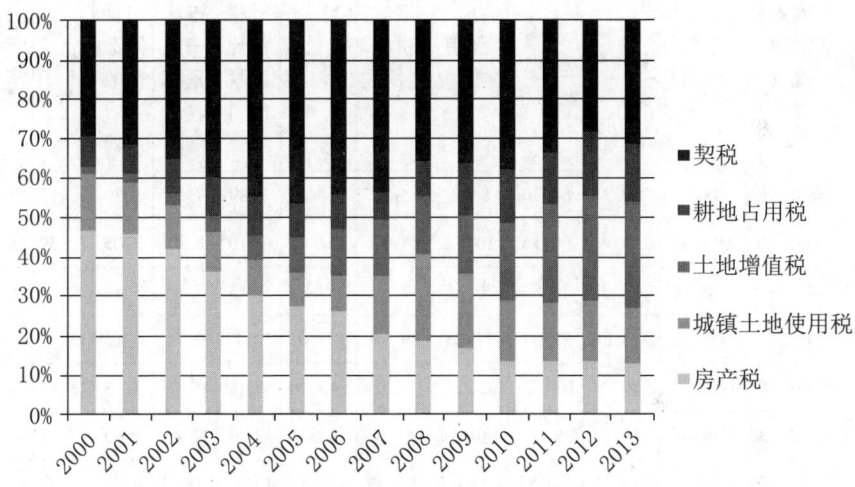

图 3.4 房地产类税收占五税总和的比重图（单位:%）

通过图3.4显示可以得到：首先，契税在房地产类税收中比重大都在30%左右，是比重最大的税种。其次，房产税收入在五税种中收入的比重逐年下降。这也是房产税目前需要改革和完善的地方。最后，土地增值税最近五年也是显现出逐年递增的趋势，耕地占用税中间略有下降，2007年后显现增长趋势增加。但契税、耕地占用税和土地增值税绝对量上在房地产类税收中排名前三的税收收入占五税税收收入总和的70%左右。综上发现契税和耕地占用税占房地产类税收比重最大，房产税占比房地产类税收最小，其发展潜力较大。

二、房地产类税收对地方财政收入的影响

本书主要是通过以下三个方面来展开研究，分析房地产类税收对地方财

政收入产生的影响的：房地产类税收占地方税收收入的比重及其增幅、不同环节房地产类税收收入占地方税收收入的比重及其增幅、不同区域房地产类税收占地方税收收入的比重。具体论述如下：

（一）房地产类税收占地方税收收入的比重及其增幅

表 3.1 房地产类税收收入、比重及其增幅（单位：亿元）

年份	地方财政税收收入	五税汇总	房产税	城镇土地使用税	土地增值税	耕地占用税	契税	五税占比地税（%）	五税占比一般预算收入（%）	五税占比财政总收入（%）	地税增幅（%）	五税增幅（%）
2000	5688.90	448.94	209.38	64.76	8.39	35.32	131.08	7.89	7.01	3.35	—	—
2001	6962.76	500.31	228.42	66.15	10.33	38.33	157.08	7.19	6.41	3.05	22.39	11.44
2002	7406.16	676.14	282.38	76.83	20.51	57.34	239.07	9.13	7.94	3.58	6.37	35.14
2003	8413.27	900.66	323.86	91.57	37.28	89.90	358.05	10.71	9.14	4.15	13.60	33.21
2004	9999.59	1207.78	366.32	106.23	75.04	120.09	540.10	12.08	10.33	4.58	18.85	34.10
2005	12726.73	1590.61	435.96	137.34	140.31	141.85	735.14	12.50	10.69	5.03	27.27	31.70
2006	15233.58	1961.92	514.85	176.81	231.47	171.12	867.67	12.88	10.72	5.06	19.70	23.34
2007	19252.12	2755.34	575.46	385.49	403.10	185.04	1206.25	14.31	11.69	5.37	26.38	40.44
2008	23255.11	3656.68	680.40	816.90	537.43	314.41	1307.54	15.72	12.76	5.96	20.79	32.71
2009	26157.44	4812.32	803.66	920.98	719.56	633.07	1735.05	18.40	14.76	7.02	12.48	31.60
2010	32701.49	6529.86	894.07	1004.01	1278.29	888.64	2464.85	19.97	16.08	7.86	25.02	35.69
2011	41106.74	8228.45	1102.39	1222.26	2062.61	1075.46	2765.73	20.02	15.66	7.92	25.70	26.01
2012	47319.08	10127.99	1372.49	1541.72	2719.06	1620.71	2874.01	21.40	16.58	8.64	15.11	23.09
2013	53890.88	10664.93	1581.50	1718.77	3293.91	1808.23	3844.02	19.79	15.45	8.26	13.89	5.30

数据来源：《中国财政年鉴》（2001~2014）和《中国税务年鉴》（2001~2014）。

从表 3.1 中可以得到以下结论：

（1）总量上，房地产类税收的规模增加迅速。2000~2013 年，这 14 年间，房地产类税收从 448.94 亿元增加至 10 664.93 亿元，其年均增幅为 27.59%，远高于全国的地方财政总收入的年均增幅 7.8 个百分点，房地产类税收占一般预算收入的比重和房地产类税收占财政总收入的比重一直处于攀升态势，房地产类税收占一般预算收入的比重由 2000 年的 7.01% 提升到 2013 年的 15.45%，总体来看，该比重在 2013 年略微下降，主要这期间受金融危机、房地产市场调控等因素影响，在 2012 年两个比重分别达到 16.58% 和 8.64%[1]，虽然占比有所波动但是总体仍然呈向上趋势。

（2）增量上，房地产类税收逐渐成为税收增长主力军。除 2007 年，房地产类税收增量在地方公共预算财政收入增量中的比重一般都维持在 20% 左右，2009 年房地产类税收对地方公共预算财政收入的增长贡献率为 29.23%，已经成了地方财政收入增收的主要来源。

（3）增幅上，房地产类税收的增幅大致上和地方财政收入增幅正相关。2000~2013 年间，从房地产类税收增幅和地方财政收入增幅趋势上可以看出，房地产类税收的增幅正相关于地方财政收入的增幅，两个增幅同涨同落。比如在 2007 年，房地产类税收增幅达到了 40.44%，房地产类税收增幅直接助推地方税收收入增幅增加到 26.38%，但是 2013 年的房地产类税收增幅跌至 5.30%，也直接拉低了地方税收收入增幅下跌到 13.89%。并且房地产类税收的增幅从 2002~2012 年间都快于地方税收收入的增幅，也就是说房地产类税收的增加推动了地方税收收入的增加，房地产类税收对地方财政收入贡献较大。上述诸多情况表明地方税收收入的波动受到房地产业这一支柱行业的冲击和影响也最为显著。

（4）房地产类税收增长差别较大，房产税税收潜力较大。房地产类税收中契税和土地增值税的税收收入总量较大，房产税税收收入增长最慢，房产税的提升空间最大。房地产各环节税负不均。房地产类税收中开发交易与流转环节税收（耕地占用税、契税、土地增值税）绝对量较大，排名前三，但保有环节税收（城镇土地使用税、房产税）相对于开发和流转环节绝对量较小。

---

[1] 数据来源：《中国财政年鉴》（2001~2014）。

表 3.2 房地产类税收在不同交税环节的划分

交税环节	税种	主要税种的征收范围和征收对象
开发环节	耕地占用税、契税	耕地占用税计税依据是实际占用耕地面积；契税是按照交易价格，在不动产所有权转移中，向产权承受人征收。
交易环节	土地增值税、契税	土地增值税是依据转让不动产时取得的增值额进行征收的。契税依据房屋交换差价、市场价格和成交价格以及土地收益定税。
保有环节	房产税、城镇土地使用税	房产税以房屋的计税余值或租金收入为计税依据，隶属于财产税；城镇土地使用税的计税标准为：实际占用的土地面积，隶属于资源税。

（二）不同环节房地产类税收收入占地方财政收入的比重及其增幅

因为房地产类税收涉及五个税种，所以房地产类税收收入在不同的环节对地方税收收入的影响也不同。房地产相关五个税种按照交易开发和保有环节具体分类如表 3.2 所示。

下面按照不同交税环节来反应房地产类税收对地方税收收入的影响，其中开发和交易环节的税收汇总是按照契税、土地增值税和耕地占用税三个税种收入汇总的；保有环节的税收汇总是按照房产税和城镇土地使用税两个税种收入汇总的。具体表格如下：

表 3.3 不同交税环节房地产类税收占地方财政收入的比重（单位：亿元）

年份	地方财政税收收入	开发和交易环节税收汇总	增幅（%）	保有环节税收汇总	增幅（%）	开发和交易环节占地方财政税收收入比重（%）	保有环节占地方财政税收收入比重（%）	开发和交易环节占地方财政税收收入比重（%）	保有环节占地方财政税收收入比重（%）
2000	5688.90	174.79	—	274.15	—	3.07	4.82	1.30	2.05
2001	6962.76	205.74	17.70	294.57	7.45	2.95	4.23	1.26	1.80

续表

年份	地方财政税收收入	开发和交易环节税收汇总	增幅(%)	保有环节税收汇总	增幅(%)	开发和交易环节占地方财政税收收入比重(%)	保有环节占地方财政税收收入比重(%)	开发和交易环节占地方财政收入比重(%)	保有环节占地方财政税收收入比重(%)
2002	7406.16	316.92	54.04	359.22	21.94	4.28	4.85	1.68	1.90
2003	8413.27	485.23	53.11	415.43	15.65	5.77	4.94	2.23	1.91
2004	9999.59	735.23	51.52	472.55	13.75	7.35	4.73	2.79	1.79
2005	12 726.73	1017.30	38.36	573.30	21.32	7.99	4.50	3.21	1.81
2006	15 233.58	1270.27	24.87	691.66	20.64	8.34	4.54	3.28	1.78
2007	19 252.12	1794.39	41.26	960.95	38.93	9.32	4.99	3.50	1.87
2008	23 255.11	2159.38	20.34	1497.30	55.81	9.29	6.44	3.52	2.44
2009	26 157.44	3087.68	42.99	1724.64	15.18	11.80	6.59	4.51	2.52
2010	32 701.49	4631.78	50.01	1898.08	10.06	14.16	5.80	5.57	2.28
2011	41 106.74	5903.80	27.46	2324.65	22.47	14.36	5.66	5.68	2.24
2012	47 319.08	7213.78	22.19	2914.21	25.36	15.24	6.16	6.15	2.49
2013	53 890.88	8946.16	24.01	3300.27	13.25	16.60	6.12	6.93	2.56

数据来源:《中国财政年鉴》(2000~2014)和《中国税务年鉴》(2000~2014)。

从表3.3中可以得到以下结论:

(1) 房地产类税收中,房地产交易和开发环节、保有环节两个大环节对地方税的贡献度存在异同。开发与交易环节税收(耕地占用税、契税、土地增值税)收入占地方税收收入的较大比重,房地产保有环节税收(房产税、城镇土地使用税)收入占地方税收收入比重较小,2007年以来,房地产交易和开发环节的税收占地方财政收入的比重是房地产保有环节的税收占地方财政收入比重的2~3倍。显而易见,我国房地产类税收的总额主要是在开发和转让环节贡献较大,而在保有环节税负较小对其贡献也很小,上述情况较容易刺激房地产的投机行为(樊丽明等,2006;胡怡建,2004;张德勇,2011;李晶,2011)。

(2)交易和开发环节的房地产类税收占地税的比重增幅在 2002 年以后大都快于保有环节的房地产类税收占地税的比重增幅。也就是说交易和开发环节的房地产类税收占地税的比重增长率在 2002 年以后快于保有环节的房地产类税收占地税的比重的增长率。由此可见,房地产类税收在交易和开发环节的税收多于保有环节的税收,并且交易和开发环节的房地产类税收增长率快于保有环节的房地产类税收增长率。

(三)不同区域房地产类税收占地方税收收入的比重

表 3.4 东中西部房地产类税收合计占地方税收收入的比重 (单位:%)

东部	2005	2010	2012	中部	2005	2010	2012	西部	2005	2010	2012
北京	11.55	14.67	12.67	安徽	15.01	25.60	25.62	甘肃	8.97	10.77	12.57
天津	10.65	18.62	19.09	河南	12.76	24.44	25.70	广西	16.88	21.66	30.73
河北	8.66	17.63	19.21	黑龙江	10.35	19.00	20.38	贵州	8.85	14.14	24.07
上海	14.15	13.75	15.04	湖北	16.69	23.34	23.17	内蒙古	12.20	19.00	20.53
江苏	14.69	22.66	21.29	湖南	15.14	23.98	24.22	宁夏	9.97	13.88	16.15
浙江	13.75	21.02	19.81	吉林	13.54	19.90	27.57	青海	7.62	6.50	7.55
辽宁	15.74	31.71	39.67	江西	16.92	26.81	28.95	陕西	9.55	13.08	15.32
福建	13.46	22.37	21.17	山西	6.61	7.87	8.64	新疆	9.51	11.83	12.89
广东	12.01	18.18	20.40					云南	9.09	15.92	20.11
海南	14.28	23.45	34.12					四川	14.94	20.50	21.44
山东	19.34	25.27	26.32					重庆	15.83	23.70	28.35
东部总计	160.56	东部平均	14.60	中部总计	111.7	中部平均	13.96	西部总计	131.62	西部平均	11.97

数据来源:《中国统计年鉴》(2000~2013)《中国财政年鉴》(2000~2013)和《中国税务年鉴》(2000~2013)。另外东中西部的总计是根据 1999~2012 年总共 14 年的比

值汇总得到的,东中西部的平均为此比值14年的平均值计算得到。

从上述表格3.4可以看出:首先,东部地区房地产类税收占地方税的比重稍高于中西部地区。东部地区房地产行业比中西部房地产业发展快且更成熟。其次,东部地区内部差别较大,北京、上海和广东等经济发展水平较高的地方,房地产类税收在地方税收收入中的占比相对较小,而辽宁和海南等投机较大的省市房地产类税收占地方税收收入的比重较大。中部地区除了山西以外,2012年各个省的房地产类税收占地方税收收入的比重大都稳定在25%左右。山西省的资源税较为丰厚,但房地产类税收规模较小,房地产类税收征收率低于全国平均水平。主要原因有两个:第一,山西省的二手房交易市场活跃度不足。因为山西省管理体制不健全,绝大多数房屋所有者没有土地使用证,甚至没有房产证。这两证又是二手房必须持有才能交易的。二手房交易市场不活跃也是契税收入规模小的重要原因,另外税源难掌握也致使契税严重流失。第二,房地产类税收涉及的五个税种纳税环节不一致,在开发交易和持有环节都有增收。山西税源管控手段相对滞后,与零散税源的发展趋势不相匹配,税收征管力度不强,不能实现应收尽收,导致税务部分征收上来的房地产类税收收入总量较少。最后,西部地区内部差异较大,经济发展水平较低的青海省房地产类税收占地方税收收入的比重最低,经济发展水平较低的广西壮族自治区显示的这一比重却较大。原因分析如下:一是开发投资总量不断扩大。2005~2012年间,广西房地产开发投资额从286.79亿元到2012年的1554.94亿元,投资额增加5.42倍。二是商品房销售额从2005年的289.64亿元到2012年的1159.83亿元,增加了4倍。三是商品房销售面积从2005年的1438.40万平方米到2012年的2759.26万平方米,商品房销售面积实现翻番[1]。上述三个方面的原因助推房地产业发展成为了广西经济发展的主导产业。房地产类税收占地方税收收入的比重从16.88%提升到30.73%,对广西财政收入的拉动作用较大,这也表明落后地区较为依赖房地产业。

第三节 土地出让金的现状及其收支结构

本书之所以把房地产类税收作为核心解释变量,没有把土地出让金纳入

---

[1] 根据《广西统计年鉴》(2006~2013)计算得到。

到核心解释变量里面,主要与土地出让金当前的现状及其支出结构有密切的关系。鉴于省级面板的土地出让纯收益数据的不可得,本书主要是从全国层面分析土地出让金的现状及其支出结构的,针对我国土地出让金的现状及其支出结构具体阐述如下:

一、土地出让金的现状

地方一般公共预算收入、地方政府性基金预算收入和国有资本经营预算收入构成了广义的地方财政收入。地方一般公共预算收入包括地方一般公共预算本级收入、中央税收返还以及中央转移支付,这些构成了狭义的地方财政收入。财政收入若是从公有制基础角度来考察,则与公共产权收益相联系的财政是广义的,若是仅仅从税收角度考察财政,则财政收入只包含一般公共预算,本书属于后一种情况。

土地出让金是地方财政收入的绝对主力和地方财政收入的重要补充,土地出让金对地方财政收入贡献重大,相应地也影响地方公共品的供给,兼顾到 2009~2013 年仅有的土地出让成交价款数据,2007~2008 年的才是土地出让纯收益,本书采用的是人均土地出让成交价款来作为被控制变量,度量其对地方公共品供给的影响,土地出让金对地方财政收入的影响具体论述如下:

表 3.5 2003~2008 年我国东中西部地区土地出让金收入情况[1] (单位:%)

东部			中部			西部		
省份	出让金收入/财政收入	净收益/出让金收入	省份	出让金收入/财政收入	净收益/出让金收入	省份	出让金收入/财政收入	净收益/出让金收入
北京	34.54	70.21	山西	16.00	52.01	重庆	63.43	46.73
天津	70.11	34.69	吉林	30.84	59.23	四川	75.52	57.85
河北	40.15	41.54	黑龙江	16.75	86.36	贵州	24.26	41.83

---

〔1〕 2003 年《中国国土资源统计年鉴》开始有纯收益的,1999~2002 年间都是土地出让收入,从 2009 年开始没有统计纯收益数据,所以此表格仅仅提供 2003~2008 年的数据。

续表

东部			中部			西部		
省份	出让金收入/财政收入	净收益/出让金收入	省份	出让金收入/财政收入	净收益/出让金收入	省份	出让金收入/财政收入	净收益/出让金收入
上海	26.6	30.43	安徽	74.8	38.30	云南	26.85	17.68
江苏	68.46	18.72	江西	48.83	31.82	山西	33.55	25.73
浙江	88.14	18.32	河南	28.71	63.11	甘肃	20.19	28.84
辽宁	49.54	41.27	湖北	54.16	38.03	青海	5.84	56.47
福建	66.00	31.38	湖南	43.26	28.09	宁夏	43.33	29.38
广东	25.22	22.34				新疆	17.58	74.87
海南	47.93	71.95				广西	37.71	32.44
山东	49.49	55.69				内蒙古	20.75	40.11
东部平均	51.47	39.69	中部平均	39.17	49.62	西部平均	33.54	41.08

数据来源：《中国国土资源统计年鉴》(2004~2009)。

在2004~2014年11年间，土地出让金逐渐成为地方政府财政收入的主要来源之一。财政部公布的数据测算表明，土地出让金在地方政府财政收入中的占比在2013年时达到至高点59.8%，到2014年时下滑至56.2%[1]。地方政府极度依赖土地财政，很容易遭受土地出让金的冲击和影响。

从上述表格3.5中可以发现，首先，东部地区的出让金收入占财政收入的比重在全国范围内高居榜首，这是因为土地出让金受地方经济发展水平的影响，东部地区的经济发展水平高于中西部，较高的经济发展水平带动地价的上涨。另外，中西部的房地产产业发展相对比较滞后，东部地区的房地产产业比中西部优先发展起来，致使东部地区的土地出让收入也高于中部和西部地区，东部地区土地出让收入占比地方财政收入也是全国最高的。总之，

---

[1] "2013年土地出让收入超3.9万亿占地方财政收入近六成"，载财经网http://estate.caijing.com.cn/20140715/3620544.shtml，最后访问时间：2014年7月15日。

相对于中西部地区而言，土地出让收入仍然集中在东部地区。比如2011年，虽然东部地区9个省份的土地出让收入增长速度仅为1.90%，但是其规模仍达到19 642.77亿元，在全国土地出让收入中的比重58.70%，而中西部地区22个省份的土地出让收入却仅占41.30%[1]。又如2012年，全国缴入国库的土地出让收入为28 886.31亿元。从不同地区看，东部地区的土地出让收入总量为15 578.87亿元，[2]在全国所有土地出让收入中的比重为53.91%。综合来看，地方经济发展差异和房地产市场分化对土地出让收入的影响较大。其次，出让金净收益占比出让金收入这一比例中部地区是最高的，其次是西部地区，最后是东部地区，这是由于土地出让费用中征地与拆迁补偿支出、城市建设支出和支农支出等支出方面，东部地区的成本费用最高，其次是中部，西部地区是最少的，所以促成出让金净收益占比出让金收入呈现出中西东部的递减趋势，中西部地区对土地财政依赖较多，压榨土地出让补偿成本费用，致使土地出让收益率高于东部。

二、全国土地出让金收支情况

政府性基金包括地方政府性基金和中央政府性基金，其中地方政府性基金是包含全国土地使用权出让收入的。由于数据的可得性，本书只统计了2008~2012年的地方政府性基金的收支和全国土地使用权出让的收支情况，具体统计如下表所示：

---

[1] "全国土地出让收入管理及使用情况"，载中华人民共和国财政部，http://www.mof.gov.cn/zhuantihuigu/czjbqk2011/czsr2011/201208/t20120831_ 679821.html.

[2] "2012年全国土地出让收支情况"，载http://fdc.fang.com/wenku/476959.html.

表 3.6 全国土地使用权出让收支情况（单位：亿元）

年份	地方政府基金收入	地方政府性基金支出	国有土地使用权出让金收入	国有土地使用权出让收入支出				
				征地、拆迁补偿以及补助征地农民支出				
				征地等成本补偿外的支出总计	农村基础设施建设、基本农田建设和保护支出	城市建设支出	农建和城建汇总占成本补偿外的支出比重（%）
2008	13 110.69	12 927.98	10 390.50	10 172.50	3778.15	6394.35	369.88	3035.32	53.25
2009	15 827.37	14 291.55	13 964.76	12 327.10	5180.58	7146.52	433.10	3340.99	52.81
2010	33 609.27	31 667.11	28 197.70	26 975.79	13 395.60	13 580.19	2248.27	7531.67	72.02
2011	38 232.31	37 789.75	33 471.68	33 172.16	23 629.97	9302.02	2351.06	5964.57	87.15
2012	34 216.74	33 116.74	28 892.30	28 418.19	17 401.60	11 016.59	1505.25	3204.15	42.75

数据来源：财政部网站。

观察上述表格，我们可以得到：首先，国有土地使用权出让金收入是地方政府性基金收入的重要组成部分，国有土地使用权出让金收入占地方政府性基金收入的比重从2008年的79.25%攀升到2012年的84.43%；其次，国有土地使用权出让收入支出在国有土地使用权出让金收入中的占比较大，该比例大都在95%以上，并且国有土地使用权出让收入支出中的征地、拆迁补偿以及补助征地农民支出无论绝对量还是相对量从2008年以来逐步提高，相对比重从2008年37.14%日益上涨到2011年的71.23%，在2012年受房地产宏观形势不景气的影响略有下降,下降至61.23%;最后,国有土地使用权出让支出中,农村基础设施建设、基本农田建设和保护支出以及城市建设支出汇总一起占据国有土地使用权出让支出除了征地补偿性支出之外的半壁江山。其中,农村基础设施建设等支出逐年快速增长,遭受到2012年房地产市场降温和土地供应结构的冲击和影响,全国的土地出让收入总量规模表现出下降态势,农村基础设施建设等支出也呈现出占比成本补偿外的支出比重下降。而土地出让收入去除征地等成本补偿之外的支出中用于城市建设支出比重下降显著,从2011年的64.12%直线下降至2012年的29.08%,但总的来看,农村基础设施建设等和城市建设支出财政支出汇总占征地补偿外的支出比重从2008年的53.25%持续增加到2011年至高点87.15%,2012年此比重也骤然下跌,但农村基础设施建设等和城市建设支出财政支出汇总占征地补偿外的支出比重仍是较大的。从这个比重可以得到,国有土地使用权出让收入支出中绝对部分还是更多地投入到基础建设方面(包括农村基础设施建设等和城市建设)。

表3.7 2011~2012年国有土地使用权出让收入具体支出表（单位:亿元）

年份	国有土地使用权出让收入安排的支出	征地、拆迁补偿以及补助征地农民支出	农村基础设施建设、基本农田建设和保护支出	城市建设支出	农田水利建设	教育支出	保障性安居工程
2011	33 172.16	23 629.97	2351.06	5964.57	120.35	197.46	668.58
2012	28 418.19	17 401.6	1505.25	3204.15	224.59	269.95	593.01

数据来源:财政部网站。

2011年7月,财政部与教育部颁布了《关于从土地出让收益中计提教育资金有关事项的通知》(财综[2011]62号)并于同月与水利部共同颁布了《关于从土地出让收益中计提农田水利建设资金有关事项的通知》(财综[2011]48号),通知要求各地从2011年1月1日起,依据规定从土地出让收益中提取10%的农田水利建设资金和10%的教育资金。分析上面表格我们得到:全国土地出让收入中在2011年和2012年用于教育、农田水利建设和保障性安居工程的财政支出分别为 197.46 亿元、120.35 亿元、668.58 亿元和 269.95 亿元、224.59 亿元、593.01 亿元,其中的教育和保障房等方面的民生财政支出也就是非经济性公共品方面的财政支出与基础建设经济性公共品方面的财政支出相对差额巨大,土地出让收入更多地被地方政府用来投入到经济性公共品供给中,尤其是基础设施类公共品供给,这是因为投入到基础设施建设更容易给地方政府带来显著政绩,但非经济性公共品供给如教育、保障房建设等方面显示供给不足。这些数据强有力地佐证了本书的研究假设,也就是本书在只考虑房地产类税收为核心解释变量的情况下,地方政府基于房地产税收受益论、税收价格论,另外也迫于政绩考核的压力,地方政府财政支出倾向于与房地产相关的基础建设等生产性投资,对经济性公共品供给具有正向促进效应,而对非经济性公共品供给(科教文卫类公共品)挤出效应显著。

三、土地出让金没有作为核心解释变量的原因分析

本书没有把土地出让纯收益作为核心解释变量来考虑的原因分析如下:

第一,省级面板数据 2007~2013 年的土地出让纯收益数据不可得。

土地财政是地方政府出让国有土地使用权获得的收入,也就是土地出让收入,属于政府性基金的范畴。地方政府可以凭借其巨额收入增强可支配财力,大多数土地出让收入是用来推动基础设施与社会事业发展的,也是现行财政体制下地方政府应对财政收支缺口的无奈之举,目前为止仍然属于预算外收入,能够缓解一般公共预算的压力。因为财政部发布的《关于完善政府预算体系有关问题的通知》(财预〔2014〕368 号)明确,从 2015 年 1 月 1 日起,将加大一般公共预算和政府性基金预算的统筹力度,把政府性基金预算具体的项目收支转列入一般公共预算中,但是截止到 2014 年政府性基金还未纳入到一般公共预算收支的范畴内,本书的数据截止到 2013 年,所以本书并没有把政府性基金中绝大部分的土地出让收入作为核心解释变量。

另外,土地出让金纯收益数据只有 2007~2008 年间能找到相应的数据,2009~2012 年间《中国国土资源统计年鉴》没有土地出让纯收益的数据,只有土地成交价款的数据,2013 年开始《中国国土资源统计年鉴》又只有土地出让价款的数据。综合多年的已有土地出让价款和纯收益数据来看,两者数

值差异较大，前者几乎是后者的两三倍。

综合考虑，省级面板数据 2007~2013 年的土地出让纯收益数据不可获得，给实证研究带来了很多困难。

第二，相对应的被解释变量需要的相关数据也不可得。

本书主要是尝试探索一个地方对房地产业的依赖度对地方公共品供给的效应研究。地方公共品供给采用的是财政支出指标，这一指标都是一般预算内的相关公共品的财政支出数据，运用到的内在机制是房地产的受益原则、房地产税收价格论。

因为本书被解释变量采用的是公共品供给的指标，比如非经济性公共品供给指标采用的是科教文卫支出占总预算内财政支出的比重，若是把土地出让纯收入放入核心解释变量中，则相应的被解释变量也应与核心解释变量一一对应起来，也应该把政府性基金里面的土地出让收益投入到具体哪一类公共品供给方面的数据相应添加到被解释变量里面。现实的困难是国有土地出让金是放入到政府性基金里面的，从 2015 年才纳入预算内，省级面板数据 2007~2013 年的政府性基金里面的土地出让收入和具体相关支出数据没有一个省份是完整的。所以相对应的被解释变量的数据也是不可得到的。

第三，土地出让纯收益的相关公共品的财政支出强烈支持研究假设，即便放入核心解释变量也能扶持论证本书的研究假设。

目前找到的是 2008~2012 年全国政府性基金的数据，包含全国地方政府性基金及其所包括的土地出让收入和部分相关支出的数据，这些数据只能用于土地出让收益更多地倾向于经济类公共品供给，对非经济性公共品供给产生挤出效应的案例分析。五年的全国数据虽不能从实证模型方面来佐证本书的观点，但从上述的案例分析中能支持本书现有的观点，这样就可以推测：即便是能找到 2007~2013 年具体的省级面板的国有土地出让纯收益和相应的对经济性和非经济性公共品的支出数据，也只是对本书研究假设的观点起到强有力的支撑作用，从侧面论证和扶持了现有本书的观点，只会更辅助论证本书现有的研究假设。于是本书苦于国有土地出让纯收益和相应的对经济性和非经济性公共品的支出数据的不可得性，采用了现有的房地产类税收的数据来证明研究假设。

第四节 本章小结

本章关于房地产类税收的现状、影响及其相关背景介绍主要从三个方面展开论述：

一、房地产业的特征趋势及其原因分析

目前而言，我国房地产业发展的特征趋势为：房地产开发投资增长迅速，东部投资总额一马当先，西部投资增幅领先；地价持续攀升，房价上涨压力加大；土地出让金成为地方政府财政收入的重要来源和补充。房地产业迅速发展的原因有四点：经济增长成了房地产迅速发展的源动力；城镇化脚步加快成为房地产快速发展的巨大推动力；产业政策的扶持为房地产业的发展提供了重要支撑；居民投资渠道缺乏，房地产已经成了居民投资保值的重要渠道。

二、房地产类税收对地方财政收入的影响分析

（一）房地产类税收的增长趋势及其特点

房地产类税收占地方税收收入的比重从2007年开始保持在15%以上，占地方财政一般预算收入的比重也在逐年上涨，已成为地方税收收入的主力军，是地方财政收入的重要支柱。房地产类税收均呈现攀升的趋势，特别是耕地占用税、契税和土地增值税三个税种。土地增值税和契税绝对量高且增幅较大，土地增值税的增幅最大，城镇土地使用税和房产税相对增幅不是很大，城镇土地使用税持续平稳，其增幅较为有限。耕地占用税的增幅和绝对量都较大，税种发展空间不同，房产税最具有发展潜力，房产税潜在增长空间较大。另外，房地产业的一个特点是土地出让金是地方财政收入的主力。综合考虑房地产税的现在趋势，本书倡导应积极响应十八大提出"加快房地产税立法，并适时推进改革"的号召，推动房地产税的改革。

（二）房地产类税收对地方财政收入的影响

总量上，房地产类税收的规模增加迅速；增量上，房地产类税收逐渐成

为税收增长主力军；增幅上，房地产类税收的增幅大致上和地方财政收入增幅正相关；房地产类税种增长差别较大，房产税收潜力较大。房地产类税收中契税和土地增值税的税收收入总量较大，房产税税收收入增长最慢。房产税的提升空间最大。房地产各环节税负不均。房地产类税收结构上保有环节的税负较轻，而交易和开发环节的税负较重。2007年以来，房地产交易和开发环节的税收占地方税收收入的比重大约是房地产保有环节的税收占地方税收收入的比重两倍至三倍，并且交易和开发环节的房地产类税收增长率快于保有环节的房地产类税收的增长率。

(三) 不同区域房地产类税收对地方财政收入的比重

一方面，东部地区房地产类税收占地方税收的比重稍高于中西部地区。另外一方面，东部地区内部房地产类税收占地方税收收入的比重数值上差异较大，北京、上海和广东等经济发展水平较高的地方，该比重相对较小，而辽宁和海南等投机较大的省市房地产类税收占地方税收收入的比重较大。中部地区除了山西以外，各个省的房地产类税收占地方财政收入的比重大都稳定在25%左右。山西省的资源税税基较为丰厚，但房地产类税收规模较小，房地产类税收占地方税收收入的比重处于全国平均水平之下。

三、土地出让金的现状及其支出结构

土地出让金的现状表现如下：土地出让金持续成为地方财政收入的重要来源和补充，是地方财政收入的绝对主力，对地方财政收入贡献重大，并且出让金收入占财政收入的比重呈东中西部递减。

土地出让金的支出结构为：从全国土地出让金收支的具体情况来看，国有土地使用权出让金收入是地方政府性基金收入重要的组成部分；国有土地使用权出让收入中的征地、拆迁补偿以及补助征地农民支出无论绝对量还是相对量从2008年以来都逐步提高了；农村基础设施建设、基本农田建设和保护支出以及城市建设支出汇总一起占据国有土地使用权出让支出除了征地补偿性支出之外的半壁江山，至高点为2011年的87.15%。综上得到，地方政府更倾向于把土地出让收入更多地投入到经济性公共品如基础设施建设等方面，而对教育和保障房等非经济性的公共品方面的投入较少。

土地出让金没有作为核心解释变量的原因主要有：省级面板数据2007~

2013年的土地出让纯收益数据不可得；相对应的被解释变量需要的相关数据也不可得。土地出让纯收益的相关财政支出强烈支持研究假设，即便放入核心解释变量也能扶持论证本书的研究假设。

第四章
房地产类税收对经济性公共品供给的效应研究

由上一章关于房地产类税收对地方财政收入的影响研究可知，随着城市化进程的加快和经济社会的发展，房地产业逐渐成为国民经济的重要支柱产业和我国经济增长的引擎。并且房地产类税收对地方财政收入贡献较大，起着强劲支撑作用。又考虑到房地产类税收都是地方税，地方税收主要用于提供地方公共品供给，因此房地产类税收会对地方公共品（包括经济性公共品和非经济性公共品）供给产生影响。本书以每年财政支出的增量来度量公共品供给这一指标，可以预见房地产类税收也会对地方财政支出产生影响。基于这一研究前提，第四章和第五章拟定研究房地产类税收对地方财政支出的影响，也就是说第四章和第五章分别侧重研究房地产类税收对经济性公共品和非经济性公共品供给的规模和结构两个方面的效应。在中国的财政分权体制下，因为地方政府对不同公共物品的供给存在不同的偏好（傅勇，2010），导致房地产类税收对经济性和非经济性公共品供给的效应也将呈现差异，这也是本书重点研究的内容。

改革开放之后，我国大力发展经济建设并且取得了令人瞩目的成绩，财政收入快速增长，财政支出的总量规模也急速扩大。但同时一系列问题凸显，比如"上学难、看病贵、养老无保障"等问题显现，这些难题降低了老百姓的幸福感。出现这样的难题的直接原因是地方财政支出方面具有结构性的偏好，地方政府更加倾向于增加政绩的基础建设等经济性公共品的投资，而对老百姓密切关心的医疗、教育、社保等非经济性的公共品供给上投入相对较小。2013年我国科教文卫类民生财政支出约占总财政支出的比重为22.04%，所有民生类财政支出约占49.25%。而根据IMF（2013）财政统计数据

(GFS)表明，美国、法国、瑞典、丹麦等发达国家财政用于民生性财政支出约占总财政支出的80%到90%[1]，我国与这些发达国家的民生性财政支出尚有一段距离。十八大报告论述了与人民群众关系最直接和最密切的现实问题是教育和医疗，十八大报告强调要"努力办好人民满意的教育""统筹推进城乡社会保障体系建设"等建议，力求改善和保障民生。十八大报告唱响了"民生改善"的时代最强音，指明应提高民生类公共品供给。

自 2000 年以来，我国房地产业蓬勃发展并且逐渐成了经济发展的支柱产业，对地方财政收入具有强劲支撑作用，房地产类税收主要是用来提供公共品供给的，所以本章主要是尝试性地研究房地产类税收对经济性公共品供给的效应，分规模和结构两方面来实证分析。本章旨在探讨房地产类税收对地方经济性公共品供给是否存在结构性的偏好，是否也是热情投入基础建设类（经济性公共品）供给，并且提出房地产类税收改革的相关建议。

本章结构安排如下：第一节是关于我国地方经济性公共品供给的现况；第二节是房地产类税收对地方经济性公共品供给效应的实证研究，这一节主要是从经济性公共品供给的规模方面进行分析；第三节是从经济性公共品供给的结构方面展开论述，实证分析房地产类税收对交通运输类公共品供给的效应研究；第四节为本章小结。

第一节 我国地方经济性公共品供给的概况

一、我国地方经济性公共品的供给现状

考虑到本书主要用经济性公共品的财政支出占地方财政总支出的比重来衡量地方经济性公共品的供给指标，所以本书将从财政支出中地方经济性公共品供给的相关数据着手，考虑到自 2007 年政府收支分类改革后前后数据的

---

[1] IMF 出版的 GFS（2013）对政府购买进行分类——共分为三类：第一类为一般公共服务（政府间转移支付、国防、公共秩序和安全）；第二类为经济性事务支出（农林渔牧猎、燃料能源、矿、制造建筑、运输通信）；第三类为民生性财政支出［环境保护、房屋与社区设施、健康门诊、医疗服务、公共保健服务、娱乐文化与信仰、教育（初等教育、中等教育、高等教育）］。此处民生性财政预算指的是第三类。由于中国财政统计口径与 IMF 统计口径存在一些差异，但大体财政支出项目基本相似，通过项目重新归类，降低了统计口径带来的误差，提高了计量结果的稳健性。数据由 IMF 出版的 2013 年 GFS 年鉴整理所得。

统计口径不同,如本书中的重点指标:基础建设类财政支出指标。基础建设类财政支出指标不能在政府财政支出表格中找到具体相关的数据,本书采用与基础建设类相关的城乡社区事务、农林水事务和交通运输等三类生产类财政支出来衡量基础建设类财政支出。诚然,现实中经济性公共品供给包含的范围很广,例如基础设施建设包括了科教文卫等部门本身所需要的固定资产和交通运输、机场、桥梁等基础设施等方面。若是由上述三类生产类的财政支出得到政府财政支出偏向基建,那么就能够更加深信地方政府的财政支出更偏好投入整个经济性公共品供给。

下列是经济性公共品供给的现状:

表4.1 2007~2013年地方经济公共品相关的财政支出表(单位:亿元)

年份	地方公共财政支出	地方公共财政支出增幅(%)	3项支出汇总	3项占地方公共财政支出的比重(%)	3项财政支出增幅(%)	交通运输	交通运输增幅(%)
2007	38 339.29	25.99	7462.62	19.46	—	1133.1	—
2008	49 248.49	28.45	9868.24	20.04	32.24	1440.8	27.15
2009	61 044.14	23.95	15 083.84	24.71	52.85	3578.4	148.36
2010	73 884.43	21.03	17 717.87	23.98	17.46	3998.9	11.75
2011	92 733.68	25.51	24 296.61	26.2	37.13	7166.7	79.22
2012	107 188.3	15.59	27 864.89	26	14.69	7332.6	2.31
2013	119 740.3	11.71	32 594.98	27.22	16.98	8625.8	17.64

数据来源:《中国统计年鉴》(2008~2014)。

从上表我们可以得到:在规模总量方面,经济性公共品中的城乡社区事务、农林水事务、交通运输三类公共品供给汇总后的规模呈现出绝对量的增长,并且比重增长较快,三类公共品的财政支出总和在地方财政支出结构中的比重由2007年的19.46%攀升到2013年的最高点27.22%,特别是在2009年以后该比重快速增长,增幅也出现了直线式上涨,2009年三项财政支出增幅高达52.85%,这一现状极大可能是因为2008年美国次贷危机引发的全球金融危机后,我国为了进一步扩大内需和促进经济平稳较快增长,应对国际金融危机，在 2008 年 11 月出台的四万亿的投资计划刺激经济增长。同时，在 2008~2013 年间经济性公共品的增幅大都比地方公共财政支出增幅大，尤其是 2009 年是地方公共品财政支出增幅的 2.21 倍，仅仅在 2010 年略低于地方公共财政支出的增幅。由此可见，我国地方政府的财政支出倾向较多地投入到经济性公共品的供给方面，财政支出结构明显偏好于投入经济性公共品。

在结构方面，本书从城乡社区事务、农林水事务、交通运输三类经济性公共品中，选取基础建设类经济性公共品最典型的代表——交通运输类公共品，也是学术界较为关注的公共品。从上面的表格可以发现，交通运输类公共品供给在 2007~2013 年间平均增幅 47.74%，得益于 2008 年的全球金融危机后我国的四万亿投资、2010 年的继续刺激政策以及 2011 年的美国、德国等国家二轮经济刺激。交通运输类公共品供给在 2009 年和 2011 年的增幅最为显著，分别高达 148.36% 和 79.22%，由此可见，我国地方政府财政支出积极投入到交通运输类公共品供给。

二、我国地方经济性公共品供给现状的原因分析

我国地方经济性公共品供给现状的特点和主要原因分析如下：

首先，经济性公共品博得地方政府较多的投资偏好。经济性公共品具有如下特点：投入产出比较高，投入时间短，见效快，能给地方政府带来显性的政绩，并且具有较强的外部性，外部性外溢能够吸引外商投资，拉动经济较快增长，还能提升地方官员任期内的资本生产力。这些特点都使得地方政府热衷于增加对经济性公共品供给的投资。

其次，我国四万亿投资大都是投资到经济性公共品供给方面 2008 年我国四万亿投资刺激经济发展，四万亿投资中基础设施建设投资总额约 15 000 亿，占四万亿投资的绝对比重，而科教文卫等社会事业方面的投资大约在 1500 亿，前者几乎是后者的 10 倍。

最后，城镇化的脚步促进地方政府增加经济性公共品。我国城市化率在 2007~2013 年间一路高歌猛进，从 2007 年的 44.94% 飙升到 2013 年的 53.73%，城镇化建设正在刺激庞大的基础设施投资需求，同时也加大了对交通运输类公共品的需求。

第二节 房地产类税收对地方经济性公共品供给规模的效应研究

一、研究思路

通过前文的分析可以知道，财政支出对地方公共品的低效率主要表现在以 GDP 为核心的政绩考核驱使下，地方政府支出结构出现这样的偏好："轻人力资本投资和公共服务，重基本建设"，这样的短视行为不利于地方经济的长期和谐发展。而房地产类税收对地方财政收入有重要的贡献，房地产税是一种受益税，应该提供当地的公共品供给，房产税满足税收受益原则，房产税对当地的公共支出产生影响（Tiebout, 1956; Hamilton, 1976; Fischel, 2001）。本书主要是基于全国 30 个省市的面板数据[1]，探究房地产类税收对经济性公共品的供给效应，揭示其内在规律，进一步探索对房地产类税收的相关改革建议，为完善房地产税收制度的顶层设计提供建设性的指导，优化政府财政支出结构，更好地提高民生类公共品的供给水平。

本书首先主要从 Tiebout 的税收受益论、林达尔的税收价格论角度阐述房地产类税收对非经济性公共品影响的作用及传导机制，结合我国经济性公共品财政支出指标来衡量，避免资本积累产出指标带来的偏误。并建立两者之间相互作用机制的理论假设，为进一步的实证分析提供科学的预示和判断。然后，在对房地产类税收对经济性和非经济性公共品供给效率进行深入剖析的基础上，以中国 30 个省市 2007~2013 年的面板数据展开实证分析，验证了理论假设。方法上本书利用基准回归模型修正的固定效应模型，在控制异方差和自相关的基础上能很好地控制截面相关的影响，因而其对面板数据模型的估计更为准确。最后再进行稳健性检验。

二、研究假设

关于房地产类税收对地方公共品供给影响方面的研究，国内外学者从理论和实证等方面进行大量深入研究的不是很多，目前相关研究方向大都侧重

---

[1] 考虑到国家对于西藏的政策倾斜性和西藏数据的不可得性，本书分析的面板数据剔除西藏省份。

于一个方面：房地产类税收是一种受益税。现有文献主要认为房地产税是受益税，应该提供当地的公共品供给，但相关的财政支出对经济性和非经济性公共品供给效应有差别。财政学文献的代表 Tiebout 从 1956 年开始将房产税和公共服务联系在一起，Tiebout 等认为房地产税是居民在地区内购买公共服务的成本，具体是指在劳动力自由流动的情况下，居民选择最优的地方公共品供给水平是通过迁移居住地来实现的。"用脚投票"的机制把房地产税和公共服务匹配起来：辖区内公共服务越好，房产税税负越重，反之亦然。所以房地产税是遵循税收受益原则的，房产税影响辖区的公共品供给（Tiebout，1956；Hamilton，1976；Fischel，2001）。

可见，房地产税是一种受益税，政府（国家）用税收收入提供公共服务的公共品，补偿居民的纳税，从这个角度来解释可以认为税收具有公共产品"价格"的性质（林达尔，1919）。考虑到地方政府经常性地用房地产类税收收入来提供相关的公共服务，诸如社会治安、教育、医疗和消防等，因此房地产类税收的实质是一种公共产品或公共服务的使用费。房地产类税收应当被视为辖区内的居民享受和消费公共品而支付的价格（Hamilton，1976），这个观点和税收价格论观点趋同。

房地产类税收更是如此，房地产类税收就大部分国家而言成为地方财政收入重要组成部分，还把房地产类税收收入直接投入到科教文卫等领域（黄璟莉，2013）。比如美国基础教育经费房产税占一半，在美国基础教育公立学校的经费来源中，房产税占了 45% ~ 50%，其余 45% 左右由州政府承担，而剩余的 8% 左右是联邦政府承担[1]。针对我国国情，开征房地产税对地方财政可能带来的影响重点有两个方面：一是征收的房地产类税收收入可以促进地方财政收入的平稳增长，二是房地产税的征收可以有效地抑制地方政府热衷投资经济性公共品供给的短视行为，推动地方政府对非经济性公共品供给的投资，提高财政支出的效率（李晓英，2010）。财政支出对地方公共品的低效率主要表现在：在 GDP 为核心的政绩考核驱使下，地方政府财政支出结构偏好重视基本建设投资，较少对人力资本投资和公共服务的投入，导致非经济性公共品的损失量大约占现有技术条件下产出量的 10.80%，政府规模、行政

---

[1] "美国房产税是用来搞教育的"，载新浪网 http://news.gd.sina.com.cn/news/20120529/1301357.html，最后访问时间：2012 年 5 月 29 日。

腐败、收入差距和人均 GDP 等变量是降低非经济性公共品供给效率的因素，而教育水平、城市化率等环境变量则是提高非经济性公共品支出效率的主要因素（陈刚和李树，2010；傅勇和张晏，2007；贾智莲和卢洪友，2010），还有研究表明：土地财政明显抑制了非经济性公共品供给，但却显著地正向促进了经济性公共品的供给（李勇刚等，2013；于长革，2008；陈刚和李树，2010），长远来看，教育、医疗和社保是社会长期和谐发展的不竭动力和核心保障，上述结论意味着目前政府财政支出存在短视行为，政府财政支出低效率。

通过梳理学者的研究发现，无论是国外还是国内，诸多学者从各自研究主题和视角出发分析房地产类税收是一种受益税，应该提供当地的公共品供给，还有研究表明：土地财政明显抑制了非经济性公共品供给，但是显著地正向促进了经济性公共品的供给产生。本书的贡献是：学术界在我国房地产类税收对经济性公共品和非经济性公共品供给效应的影响这个视角的研究较少，关于这个角度的复杂性尚需要深入探讨，进一步探索房地产类税收对经济性公共品和非经济性公共品的影响机制和路径具有极其重要的意义，为房地产税收改革的顶层设计提供参考，也为改善我国现在民生公共品供给不足的问题提供了改革建议。

一个地方越依赖房地产业，该地方的房地产类税收占地方税的比重越大。源于房地产类税收的受益论和税收价格论论述的都是房地产类税收是居民享用辖区内的公共品服务或者产品所付出的一种费用，房地产类税收也是用来提供地方公共品的所筹集的资金。针对以上分析，本书提出以下相关的研究假设：

一个地方越依赖房地产业，也就是说房地产类税收占地方税的比重越大，该地方政府基于房地产税收受益论、税收价格论，另外也迫于政绩考核的压力，地方政府财政支出就越倾向于与房地产相关的基础建设等经济性公共品生产性投资，对经济性公共品供给具有正向促进效应。

三、实证模型

（一）变量说明及衡量指标

1. 被解释变量

本书讨论经济性公共品供给（hhbz），公共品供给的指标有支出类和产出类。

(1) 公共品供给的投入指标

公共品供给的投入指标是以财政支出的多少来衡量的。经济性公共品供给支出指标是：人均生产类等财政支出。基本建设支出从2007年预算分类改革中已经没有此指标，所以从2007年开始，采用城乡社区事务、农林水事务和交通运输等生产类财政支出作为基本建设支出的代理指标，为了排除地区之间人口个体异质性的影响，具体指标以人均每年财政支出增量来衡量。

本节主要是探究房地产类税收对地方经济性公共品供给的效应，为了进一步准确地度量财政每年在经济性公共品投入多少，本书采用的是人均每年经济性公共品财政支出在人均每年财政总支出中的占比这一指标来度量，这也是本节最主要的核心被解释变量。

(2) 公共品供给的产出指标

公共品供给的产出指标：公共品的供给综合评价体系主要包含教育、医疗卫生、交通状况、生态环境、文化建设等方面，其中交通状况主要是人均铺装道路面积、每万人拥有公共交通车辆。本书主要是依据人均铺装道路面积的测度来衡量经济性公共品供给产出指标。

2. 核心解释变量

房地产类税收的比重，显示了该地区对房地产行业的依赖度，也可以被视为房地产类税收对地方财税的贡献度。本书提及的房地产类税收主要包括：耕地占用税、土地增值税、城镇土地使用税、房产税和契税。这五个税种都是地方税，地方税税收收入主要是用来提供地方公共品供给的，并且在地方税收收入中，房地产类税收对地方财税有重要贡献，所以本书核心解释变量为房地产类税收收入占地方税收收入的比重。

3. 控制变量

(1) 人均土地出让金

土地出让金规模较大，在2010年，我国土地出让金收益中土地出让收入在公共财政收入中的比重为33.0%，到2013年占比公共财政收入的33.9%。土地出让收入占比政府性基金收入从2010年的83%到2013年的80%[1]。总体说来，土地出让收入成了公共财政收入的重要来源和补充，同时是地方政

---

[1] 数据来源：《中国财政年鉴》(2011~2014)。

府性基金重要组成部分。并且，土地出让收入直接影响地方公共品供给。土地出让收入10%计提教育基金，土地出让收益不低于10%要用于保障性安居工程的支出。严格按照土地出让纯收益的10%比例计提农田水利建设资金。所以，土地出让金对地方公共品供给方面产生重要影响，并且已有研究检验发现中国重基础设施建设、轻公共服务的重要原因是政府垄断土地转让一级市场，基础设施而非公共服务的增量供应是造成国有土地招、拍、挂价格上涨的主要因素，所以招、拍、挂国有土地获取土地出让金模式对中国公共品供给结构有更大的扭曲作用。另外，研究表明以 GDP 作为政绩考核标准这一机制推动了地方政府对基础设施建设等方面的经济性公共品供给投入更多，相应地医疗、教育等非经济性公共品的供给方面的投入则会明显下降（李勇刚等，2013；左翔和殷醒民，2013）。

综合考虑，在本书中，土地出让金被当作一个控制变量考虑。

（2）净转移支付

在分税制体制下，地方政府财力缺口大都是中央政府通过大批量的转移支付来填补的，转移财政资金用以补充公共品，协调辖区间公共品供给的差异。地方的公共品供给成本被中央政府的转移支付摊派和降低了，这样看来，转移支付深层次地激励了地方政府提供更多公共品，其中专项转移支付还消除内部的信息不对称问题，但负面影响就是提高行政支出的规模，难以摆脱"吃饭财政"的困境（范子英和张军，2013）。本书净转移支付指标是用来衡量转移支付的整体实施效果，利用各省历年公共财政预算收支决算总表中数据计算得到的：净转移支付额=分省中央补助收入−各省上解中央支出，其中五个计划单列市分别考虑在其隶属省之内。本书兼顾考虑各个省份人口个体异质性的问题，净转移支付采用了人均化处理。

（3）PGDP

衡量一个国家（或者地区）经济增长水平的基本指标是人均国内生产总值（人均GDP）。较高经济水平会加快对软硬公共品的需求。本书参考已有的研究公共品的文献中涉及的这个控制变量（丁菊红，2008；陈硕，2010；李勇刚等，2013），鉴于经济发展程度可以促进地方公共品供给，所以控制变量中加入PGDP，也就是采用人均国内生产总值指标来度量济发展水平，指标经相应年份全国人均 GDP 平减。

(4) 城市化率

城市化发展被普遍认为是国家现代化取得进步的一个重要标志,城市化率越高,居民进城之后增加对道路、交通、住房和科教文卫方面的需求,政府提供的公共品比较偏向城市,城市化率的提高促进政府提供更多的公共品和公共服务,整体的公共物品供给水平也越高(范子英和张军,2013)。本书使用年末城镇人口数/年末总人数来表示城市化指标。

(5) 城市人口密度

一般而言,城市人口越集聚,人口的密度就越大,相应地对公共品的需求也越多,人口越密集,交通越拥挤,对教育、医疗、卫生和文化等的需求越多,同时人口密度是财政支出能否产生规模效应的关键(胡德仁和刘亮,2011)。人口密度大,其人口聚集产生的规模经济效应也较为显著,还可以明显地摊薄较高的公共品供给成本,公共品供给效率就越高(傅勇,2010)。本书衡量人口集聚水平的指标为城镇人口密度(范子英和张军,2013;陈硕,2010;李勇刚等,2013)。

学界通常用每单位土地面积上的常住人口数来衡量城市人口密度,该指标有助于控制公共品的规模经济因素对公共品供给效率的影响(World Bank,2006;胡德仁和刘亮,2011)。

(6) 产业结构

本书以第二、三产业占比指标(fi)代表产业结构的分布情况,这里考虑到我国省份地区异质性,我国在发达地区里面,存在有第二产业为主的江苏、山东等,也存在北京、上海等第三产业发展较快的地区,同时还有第二产业和第三产业并重的广东地区。兼顾地区之间产业差异,本书将采用第二、三产业的比重作为产业结构变迁的代理变量,以避免采用任何一个产业作为指标的偏颇和片面。若某地区的工业化和城市化水平较高,则表明第二、三产业比重较高,城市相对比较发达,这样的产业结构正向激励和促进了该地区的公共品供给。

(二) 数据来源

考虑到2007年预算收支分类改革导致了2007年前后财政收支分类口径的不一致,2007年前后的数据没有可比性,所以本书样本数据的起始期为2007年,终结期为2013年。本书研究的数据来源如下:使用全国30个省、市（西藏除外）的 2007~2013 年间的数据。一是核心解释变量：房地产类税收占地方税的比重；其中房地产类税收包含耕地占用税、城镇土地使用税、土地增值税、房产税和契税五个税种，对应的税收数据出自《中国统计年鉴》，部分缺失数据来源于《中国财政年鉴》和《中国税务年鉴》，交通运输类以及基础建设类财政支出数据来源于历年《中国统计年鉴》。二是控制变量：相关土地出让收入数据出自《中国国土资源统计年鉴》；中央转移支付中去除了地方上解支出度量净转移支付，五个计划单列市分别考虑在其隶属省之内，其中中央转移支付和地方上解支出数据来源于《中国财政统计年鉴》；人口总量，城市化率，城市人口密度，国内生产总值，第二、三产业结构等数据来自于《中国人口和就业统计年鉴》和《中国城市统计年鉴》，部分不全数据来自 30 个省份的省市统计年鉴计算得出。为了部分消除非平稳时间序列的异方差性，降低回归结果的偏误，本书中对所有变量均取了自然对数，也能更直观地反映解释变量的弹性。

（三）描述性统计与分析

本书首先通过散点图和拟合线描述房地产类税收对经济性公共品和非经济性公共品供给效应的初步分析，散点图和拟合线均使用原始数据进行。

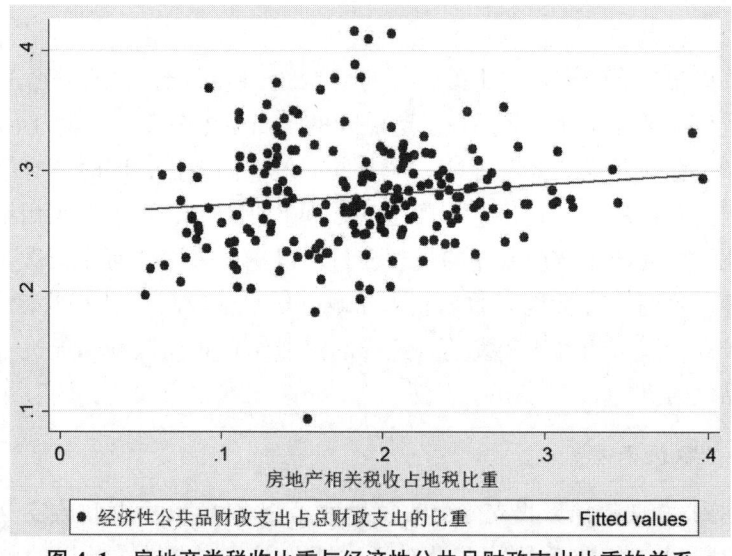

图 4.1 房地产类税收比重与经济性公共品财政支出比重的关系

第四章 房地产类税收对经济性公共品供给的效应研究

表 4.2 主要变量的描述统计

变量	定义	平均值	标准差	最小值	最大值
kcbz	科教文卫财政支出占总财政支出的比重	0.27	0.03	0.18	0.35
hhbz	生产类财政支出占总财政支出的比重	0.28	0.04	0.09	0.42
taxbz	房地产类税收占地方税的比重	0.18	0.06	0.05	0.40
taxbzjq	房地产类税收占地方税的比重加权值	0.1706	0.0581	0.0481	0.3826
hhpg	经济性公共品熵值法综合指标	0.0333	0.0045	0.0216	0.0434
kcpg	非经济性公共品熵值法综合指标	0.0333	0.0050	0.0260	0.0505
perland	人均土地出让金	923.60	1315	1.26	7704
pertran	人均转移支付	1682	1748	167.80	14 648
density	城市人口密度	1996	1383	25	6307
pgdp	人均 GDP	21 012	17 139	2545	93 173
urb	城市化率	45.23	15.81	18.04	89.30
fi	第二、三产业比重	86.19	7.105	62.09	99.40

注：其中描述统计变量观察值均为 210。

如图 4.1 所示，通过散点图与拟合线分别呈现了房地产类税收占地方税的比重和地方经济性公共品供给之间简单的相关性。从直观图中可以看出，房地产类税收比重与经济性公共品，也就是硬公共品（公共基础设施等支出）呈正相关，直观上看，一个地方越依赖于房地产，该地的财政支出就对基础设施建设等经济性公共品供给表现出更大的倾向性。这从侧面反映出，地方政府比较热衷于生产性基础设施的投资，这是因为生产性公共品更显著带动和促进经济增长。

本节的描述性分析，为理解房地产类税收与经济性公共品供给和非经济性公共品供给之间的基本相关关系特征，提供了简单直观的印象，然而，对于他们之间的具体效应，待下文实证检验。

（四）研究方法

本章采用规范和实证相结合的方式进行研究，同时，通过大量的图表来论证所要研究的问题，计量分析方法基于面板数据，采用基准回归参照的普通最小二乘法（OLS），用来捕捉地区间不可观测个体异质性的固定效应（FE）模型或随机效应（RE）模型，为克服变量内生性、提高估计效率的工具变量模型（包括2SLS、LIML和IV-GMM）。

（五）计量模型的设定

本书参照World Bank（2006）与Zhuravskaya（2000）的研究成果，搭建了房地产类税收与公共品供给的计量模型：

$$hhbz_{i,t} = \beta_0 + \beta_1 taxbz_{i,t} + \beta_2 \text{lnperland}_{i,t} + \beta_3 \text{lnpertran}_{i,t} + \beta_4 \text{lnpgdp}_{i,t}$$
$$+ \beta_5 \text{lnurb}_{i,t} + \beta_6 \text{lndensity}_{i,t} + \beta_7 \text{lnfi}_{i,t} + \varepsilon_{i,t} \quad (4.1)$$

其中，（4.1）式中的i和t分别标识省份维度和时间维度；hhbz表示经济性公共品供给水平，为模型中的被解释变量；taxbz是本书的重点核心解释变量，代表了房地产相关五个税种总和占地方税收收入的比重；余下的控制变量有lnperland、lnpgdp、lnpertran、lnurb、lndensity和lnfi，分别代表了人均土地出让金的对数、人均国内生产总值的对数、人均转移支付的对数、城市化率的对数、城市人口密度的对数和第二、三产业占比的对数。

四、实证结果与分析

（一）房地产类税收对地方经济性公共品供给的效应研究

本书采用基准回归参照的普通最小二乘法（OLS），采用地区时间双向固定效应，房地产类税收对地方经济性公共品供给的回归结果如下：

表4.3 房地产类税收对地方经济性公共品供给的效应

Hhbz	模型1	模型2	模型3	模型4	模型5	模型6	模型7
taxbz	0.027*** (0.005)	0.021*** (0.006)	0.018** (0.008)	0.022*** (0.006)	0.027*** (0.005)	0.025*** (0.005)	0.011** (0.005)
lnperland		0.007*** (0.001)	0.010*** (0.004)	0.008*** (0.001)	0.008*** (0.001)	0.007*** (0.001)	0.005*** (0.001)
lnpertran			0.013** (0.006)	0.016*** (0.005)	0.016*** (0.005)	0.018*** (0.005)	0.019*** (0.005)

续表

Hhbz	模型1	模型2	模型3	模型4	模型5	模型6	模型7
lndensity				0.012 (0.010)	0.012 (0.010)	0.016 (0.010)	0.012 (0.008)
lnfi					0.167*** (0.036)	0.207*** (0.040)	0.413*** (0.052)
urb						0.130*** (0.037)	0.060** (0.029)
lnpgdp							0.090*** (0.014)
_cons	−0.103 (0.076)	−0.058 (0.081)	−0.069 (0.061)	−0.050 (0.171)	0.626** (0.259)	0.763*** (0.237)	0.000 (0.000)
yr_dum	Yes	Yes	Yes	Yes	Yes	Yes	Yes
area_dum	Yes	Yes	Yes	Yes	Yes	Yes	Yes
N	210	210	210	210	210	210	210
r2	0.606	0.616	0.621	0.626	0.630	0.666	0.668

注:Standard errors in parentheses $^{*}p<0.1, ^{**}p<0.05, ^{***}p<0.01$。

从上面回归结果发现,我们关注的核心解释变量:房地产类税收占地方税的比重越大,该地方对房地产的依赖度越强,就会显著地促进基础设施等财政支出占比地方财政总支出增加。房地产类税收占比地方税的比重每增加1%,基础设施等方面的财政支出占地方财政总支出的比重能显著增加1.1%。表明地方政府财政支出对基础设施等方面的支出倾斜,这和前面相关理论分析的结论是一致的,原因就是地方政府迫于政绩考核的压力,更加愿意增加基础设施的建设和投资,这类经济性公共品能更好地建设城市,发展城市,维护和带动城市发展,实现城市相关资源的最优配置。上述结论也满足税收受益原则和税收价格论。房地产类税收中的土地增值税、契税、耕地占用税、城镇土地使用税都是在开发阶段对企业进行征收的,这些占据房地产类税收总量的绝大部分,而交易阶段的契税、土地增值税,在保有阶段的城镇土地使用税、房产税对个人来说,征收的收入占整个房地产类税收的收入的比重较小，根据税收受益原则"取之于民、用之于民"的思想，并基于等价交换原则，社会应该为纳税多的、税负重的纳税人或者企业提供更多的公共品和服务。同时，政府和房地产相关企业也容易联合起来组成"特殊利益集团"，达到"共赢"，政府就越热衷于在基础设施建设等生产性公共品供给方面投资，一方面，基础设施建设好较易把相关房屋销售出去；另一方面，也比较容易抬高本地房价，给当地政府带来更多的财税收入。

在回归表格中，首先可以发现人均土地出让金收益在1%的水平上显著地促进了经济性公共品供给的增加，这里主要是土地出让金收入作为以前界定的预算外收入更多地被地方政府用于政绩考核相关方面的基础设施建设等，这类经济性公共品见效快，相较而言也较容易带来明显的外在效益；其次，人均转移支付的增加会较为显著地促进基础设施的投资比重，这一结论在已有的研究结论中也得到证实（范子英和张军，2013）；最后，在控制变量的研究中发现：第二、三产业结构占比对经济性公共品支出占总财政支出的比重的影响始终在1%的水平上显著为正的，说明产业结构占比越高，也就表明了地方经济越发达，第二、三产业越发达，城市所能利用的资本经营攫取的收益越多，越倾向于投资收益见效快的基础设施等生产性支出。另外，如果一个地区的人均国内生产总值越高也就意味着该地区经济发展水平越高，那么这个地区更偏向投资基础设施的，基础设施的建设会促进城市的更好发展。同时，城市化率对地方公共品的供给在5%的水平上显著为正，这里主要是城市化率越高，公共品供给越倾向于城市化，较容易提高基础设施占地方财政总支出的比重。城市人口密度对提高基础设施的比重效应不显著，主要是被房地产类税收占地税的比重、人均土地出让收益和人均国内生产总值对其产生的效应稀释了。

综上，上述回归结果分析也证实了我们的假设，如果一个地方对房地产业依赖度越高，地方政府更容易从土地和房地产的资本经营中获益，这部分收益就愈加倾向于投资基础设施，实现本地的资源配置最优，并且地方政府和房地产商还能达到"共赢"，同时也为主要的课税对象房地产商提供了相关的基础建设类公共品，也能在短时期内为地方政府带来显性的政绩。

（二）内生性问题：IV 回归检验

关于一个地方对房地产的依赖对地方公共品供给产生的影响研究中发现：

一个地方的公共品供给结构和水平的不同对地方房价也会有影响。通常，如果一个地方的公共品越完善，就会反过来提高当地的地价和房价，相应地，也会增加该地方的房地产类税收。所以在房地产类税收和地方公共品供给之间不可避免存在一定的互动内生联系，若是忽略了这种内生性问题有可能会产生估计系数偏误，所以，本书采用工具变量的方法来处理和解决这一内生性问题。

本书选择滞后一期的房地产类税收的比重和相邻省份房地产类税收比重的综合两个指标作为 IV 选择。滞后房地产类税收的比重符合 IV 的特征：一方面，经济变量具备路径依赖特征，因此其与当期指标变量相关；另一方面，当期的房地产类税收的比重又不可能影响过去一年的房地产类税收的比重状况，因此滞后一期财政压力也满足 IV 外生性的特征，并且能更深入地消除工具变量弱内生性。第二个指标是相邻省份房地产类税收比重与本省的房地产类税收比重相关，也满足 IV 外生性特征。为了避免上面两个工具变量通过未能够观察的因素影响被解释变量，比如促进经济发展影响公共品供给，在模型中加入了第二、三产业结构占比、人均 GDP 等控制变量，在较大程度避免了上述变量的偏效应。

IV 回归分别采用 2SLS、有限信息最大似然方法（LIML）和 GMM 方法进行估计[1]。估计结果见下表：

表 4.4　房地产类税收对地方经济性公共品：IV 回归

	经济性公共品		
	模型 1	模型 2	模型 3
	2sls	liml	gmm
taxbz	0.025*** (0.005)	0.025*** (0.005)	0.025*** (0.005)

---

[1] Baum 和 Schaffer（2007）指出，两阶段最小二乘回归（2SLS）在球形扰动项假设下最有效率，但如果所选择工具变量存在弱识别（weak identification）或序列相关，则 2SLS 估计不再稳健，此时选择对工具变量识别更不敏感的有限信息最大似然估计（LIML）方法进行估计效果更好；如果扰动项存在异方差或自相关，并且工具变量多于内生变量，则使用 GMM 估计会比 2SLS 更为有效，GMM 在异方差等存在的情况下，依然是稳健和最优的。

续表

	经济性公共品		
	模型 1	模型 2	模型 3
	2sls	liml	gmm
lnpertran	0.016**	0.016**	0.015**
	(0.007)	(0.007)	(0.007)
lnurb	0.012**	0.012**	0.014**
	(0.005)	(0.005)	(0.006)
lndensity	0.002	0.002	0.003
	(0.003)	(0.003)	(0.004)
lnfi	0.087**	0.087**	0.088**
	(0.040)	(0.040)	(0.042)
lnpgdp	0.038**	0.038**	0.034**
	(0.016)	(0.016)	(0.016)
lnperland	0.002***	0.001**	0.001**
	(0.000)	(0.000)	(0.000)
_cons	0.560**	0.561**	0.566**
	(0.223)	(0.223)	(0.223)
yr_dum	Yes	Yes	Yes
area_dum	Yes	Yes	Yes
N	190	190	190
r2	0.379	0.375	0.370
Hansen J P-value	1.831 (0.176)	0.982 (0.322)	1.103 (0.294)

注：* $p < 0.1$，** $p < 0.05$，*** $p < 0.01$ 表示在 10%、5%和 1%水平上显著，IV-GMM 估计中 Hansen J statistic 过度识别检验的原假设为工具变量外生有效。

表 4.4 列示了依据两种不同 IV 方法得到的估计结果。结果显示，房地产类税收在三个回归模型中均在 1%的显著水平上显著，这和表 4.2 中的基准回归结果大都一致，在一定程度上能够表明，上文关于房地产类税收的比重对经济性公共品供给的影响是稳健的。在上述完整的回归中，从 Hansen J statistic 表示的过度识别检验的结果，也证明本书选择的工具变量是外生有效的。

(三) 稳健性检验

为验证上述结论的正确性，鉴于考虑重要核心的影响因素，本书采用以下两种方法作为稳健性分析，对上述结果做进一步检验。

首先，在现有的研究中，经济性公共品和非经济性公共品有两种度量指标：一个是上面分析所用到的支出指标；另外一个就是产出指标。李勇刚等（2013）、陈硕（2010）、邵挺和袁志刚（2010）以及邓可斌和丁菊红（2009）对公共品的供给综合评价体系和评价指标中的经济性产出指标涉及经济性公共品主要包括交通状况（人均铺装道路面积、每万人拥有公共交通车辆）、生态环境（城建区绿化覆盖率）等方面。本书按照上述学者对经济性公共品供给的指标：以人均铺装道路面积作为经济性公共品的产出指标。

其次，考虑"总部经济"的异常值影响。我国地区之间的经济发展水平差异较大，经济增长中的地域集聚现象突出，北京、上海、广东等地作为全国的经济、科技、研发和贸易中心，集中了全国主要的高素质劳动力、资本投资和研发资源，这些地区在经济发展过程中"总部经济"特征极为明显，北上广这些城市的房地产行业投资规模较大，并且房地产类税收在全国范围内也具有领先地位，这些地区的基础设施建设等生产性支出占财政支出的比重约为25%~37%，所以样本数据中的这些"异常值"有可能使估计结果出现偏误。为了去除"总部经济"效应的影响，并尽可能保存样本数量，本书只删去北京、上海、广东三地的样本数据进行回归，稳健性检验如下文列表：

表4.5 房地产类税收对地方公共品供给效应的稳健性检验

	经济性公共品			
	检验1（变换指标）		检验2（去除总部经济）	
	模型1	模型2	模型3	模型4
	Ols	2sls	Ols	2sls
taxbz	0.016** (0.007)	0.018** (0.008)	0.024*** (0.005)	0.025*** (0.006)
lnpertran	0.027** (0.010)	0.026** (0.010)	0.016** (0.007)	0.015** (0.007)

续表

	经济性公共品			
	检验1（变换指标）		检验2（去除总部经济）	
	模型1	模型2	模型3	模型4
	Ols	2sls	Ols	2sls
lnperland	0.021*** (0.005)	0.023*** (0.005)	0.022*** (0.007)	0.024*** (0.007)
lnurb	0.007** (0.003)	0.007** (0.003)	0.009** (0.004)	0.005** (0.004)
lndensity	0.002 (0.009)	0.002 (0.009)	0.003 (0.006)	0.005 (0.006)
lnfi	0.338*** (0.049)	0.342*** (0.051)	0.406*** (0.063)	0.402*** (0.061)
lnpgdp	0.027** (0.012)	0.028** (0.012)	0.038** (0.016)	0.035** (0.016)
_cons	0.000 (0.000)	0.000 (0.000)	0.563** (0.237)	0.633*** (0.237)
yr_dum	Yes	Yes	Yes	Yes
area_dum	Yes	Yes	Yes	Yes
N	210	210	210	210
r2	0.563	0.603	0.542	0.517

注：Standard errors in parentheses *$p<0.1$,**$p<0.05$,***$p<0.01$。

房地产类税收对公共品供给的稳健性检验表格显示的结果与表 4.3 的回归结果保持一致，对稳健性检验 2，在去除"总部经济"样本北京、上海和广东三个直辖市或省份的 OLS 和 2SLS 回归中，房地产类税收比重显著正向促进经济性公共品供给；房地产类税收比重对非经济性公共品供给产生显著的负面影响。这说明在消除总部经济的经济集聚、市场情况等非竞争因素的干扰之后，回归结果与前面表 4.3 回归结果是基本一致的，不会因其发生变化，这样进一步印证了上述关于两者关联作用的稳健性。

第三节 房地产类税收对交通运输类经济性公共品供给的效应研究

自改革开放以来,我国基础设施建设水平得到了大幅度的提高,良好的基础设施也正向促进了经济发展。政府基础建设投资的决定性因素是政府间"招商引资"上的标尺竞争(张军等,2007)。另外,以前学者针对基础设施进行研究的时候,以交通运输类公共品供给来衡量基础设施的供给(丁菊红,2010;林江等,2011;程琳和廖宇岑,2015;李勇刚等,2013),本书在结构分析的时候,也是以交通运输类为标的进行分析。

一、我国交通运输类公共品供给的现状

(一)全国范围交通运输类公共品供给的现状

随着我国经济的快速发展和城市化脚步的加快,交通运输行业发展也比较迅速,加之2008年四万亿的投资刺激助推交通运输行业的飞速发展,交通运输业的财政投入持续增长,如下表所示:交通运输业财政支出在地方公共财政支出的比重从2007年的2.96%飙升到2013年的7.20%。由此可见,国家长期以来都大力支持和优先发展交通运输业。

表4.6 2007~2013年交通运输类的财政支出规模表[1] (单位:亿元)

年份	交通运输支出	地方公共财政支出	交通运输占地方公共财政支出的比重(%)
2007	1133.13	38 339.29	2.96
2008	1440.80	49 248.49	2.93
2009	3578.37	61 044.14	5.86
2010	3998.89	73 884.43	5.41
2011	7166.69	92 733.68	7.73
2012	7332.57	107 188.34	6.84
2013	8625.83	119 740.34	7.20

[1] 数据来源:《中国统计年鉴》(2008~2014)。

（二）分省市的交通运输类公共品供给现状

分省市的交通运输类公共品供给现状如下图所示：

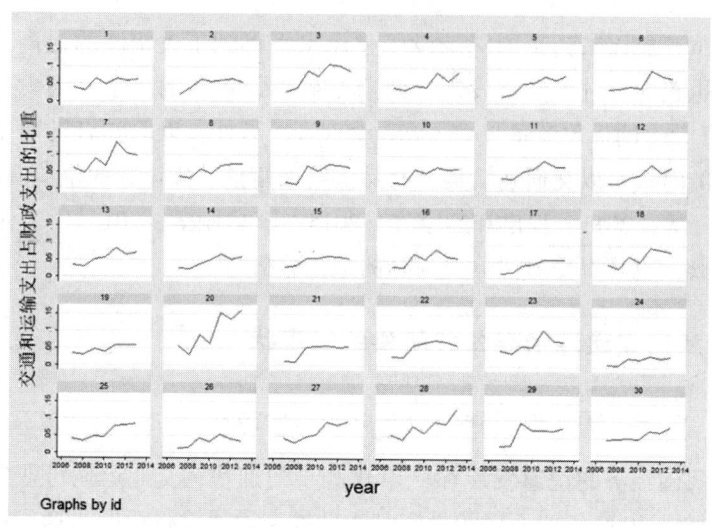

1. 安徽；2. 北京；3. 福建；4. 甘肃；5. 广东；6. 广西；7. 贵州；8 海南；9 河北；10. 河南；11. 黑龙江；12. 湖北；13. 湖南；14. 吉林；15 江苏；16. 江西；17. 辽宁；18 内蒙古；19. 宁夏；20. 青海；21. 山东；22. 山西；23. 陕西；24. 上海；25. 四川；26. 天津；27. 新疆；28. 云南；29. 浙江；30. 重庆。

图 4.2　各省市交通运输支出占财政支出比重的时间变化趋势图（2007~2013）

分析上面各个省市的交通运输支出在财政支出占比的趋势图，可以发现：虽然该比重总体上全国都是平稳上升趋势，但全国范围内各省市自治区的交通运输财政支出占地方财政支出的比重差异较大。2007~2013 年间青海省的交通运输支出占地方财政支出的比重呈陡峭式上涨，其交通运输支出在占财政支出的比重从 2007 年的 5.67% 直线增加到 2013 年的 16.12%。2013 年交通运输财政支出全国范围内排前三名的分别为：广东（688.04 亿元）、四川（528.80 亿元）和江苏（448.58 亿元），而交通运输财政支出占地方财政支出的比重分别为：8.18%、8.50% 和 5.75%。这一比重全国排前三名的省份分别为青海（16.12%）、云南（13.36%）和福建（9.10%）。由此可以发现：经济发展越是相对落后的地方越是注重交通运输类的公共品投入，可能是原本交通基础建设的不足,加上"要想富,修公路"的观念深入人心,同时交通运输也是经济发展的桥梁与纽带,落后地区的交通运输的边际产出率更高的缘故。云南和福建2013年的房地产类税收占地方税收的比重分别为19.86%和25.52%[1],也就是说一个地方越是依赖于房地产,该地区越是倾向于交通运输类公共品供给投入。

(三) 房地产类税收对交通运输类公共品供给的散点图示

观察图4.3,我们从中可以发现,在2007~2013年间,这个地区越是依赖于房地产类税收,该地方的交通运输方面的财政支出在地方总财政支出中比重越增加,两者的关系是呈现正相关的。下面将针对该问题进行具体分析。

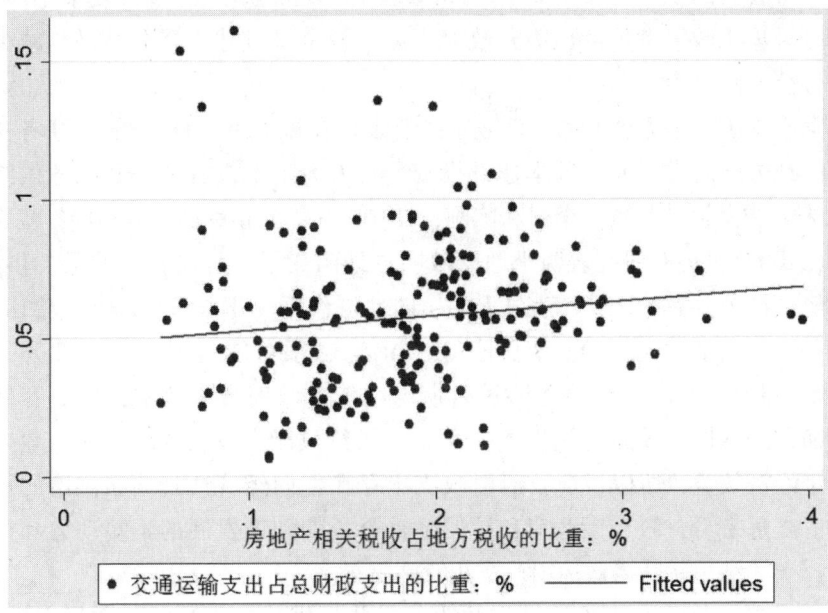

图4.3 房地产相关税占地税的比重与交通运输支出占财政支出的比重的散点图

---

[1] 数据来源:《中国统计年鉴(2014年)》。

二、研究思路和研究假设

(一) 研究思路

政府之间的标尺竞争以及考核政绩的两个重要指标：财政收入增长率和GDP增长率都对政府行为实策产生影响，其中，标尺竞争中一个重要策略就是招商引资，但外资对基础建设类公共品供给要求较高，这样的情况深层次激励地方政府提高基础设施建设。另外，为了实现经济上的竞争优势，对缺乏货币干预手段的地方政府来说，财政手段就显得非常重要（王胜和卢盛荣，2008；李永友和沈坤荣，2008）。在财政投入上，经济建设支出和大规模的基础建设支出在提升地方经济发展水平和城市面貌的短期效果更显著，而教育和医疗等公共品供给需要长时期的财政投入，对短期经济增长效果不显著，也就是说迫于政绩考核的压力，政府更偏好投资基础建设类公共品，减少非经济性公共品供给。

财政支出对地方公共品的低效率主要表现在以GDP为核心的政绩考核驱使下，地方政府支出偏重基本建设投资，对人力资本投资和公共服务供给不足（朱虹和尹恒，2011；李树和陈刚，2010；贾智莲和卢洪友，2010；傅勇和张晏，2007），还有研究表明土地财政明显地阻碍了非经济性公共品的供给，但对经济性公共品的供给产生显著的正向促进作用（于长革，2008；蔡伟贤，2009；陈刚和李树，2010；李勇刚等，2013），很可能是因为经济性公共品（基础建设类公共品）供给能够短时期内给地方政府带来政绩，也更容易寻租，而非经济性公共品（民生类公共品）供给只能在较长的时期内给地方政府带来经济效益，所以目前政府财政支出存在偏向经济性公共品供给的短视行为。长远来看，教育、医疗和社保是社会长期和谐发展的不竭动力和核心保障，上述结论意味着政府财政支出存在低效率。

本书主要考虑房地产类税收对地方公共品供给的影响，前文研究发现：房地产类税收正向促进经济性公共品的供给，也就是说一个地方越依赖房地产，这个地方政府与房地产形成的特殊联盟也更倾向于把财政收入投入到基础建设类公共品供给方面，而对非经济性公共品供给产生挤出效应。这节的思路就是尝试探究房地产类税收是否也偏向于经济性公共品（基础建设类公共品）中的主要代表交通运输类公共品的供给。

(二) 研究假设

综合前文分析发现：地方政府越迫于政绩考核压力，就越有可能按照现有的激励方向进行财政投入，也就是说财政支出较容易偏好地方经济性公共品供给，对非经济性公共品供给产生挤出效应。另外房地产类税收大多数是针对房地产相关企业进行征收的，根据税收中的受益原则，地方政府更应该拿这些收入对房地产相关企业提供服务，比如在房地产商开发环节最关心的基础设施建设等经济性公共品供给上加大财政投资力度，这样，对房地产商而言，其容易销售当地的房产；对地方政府而言，又会提高当地的地价、房价，增加地方财税收入，双方达到"共赢"的局面。所以前面章节中也佐证了房地产类税收比重越多，就更会倾向加大基础设施类财政支出的比重，而基础设施类建设中大都是以交通运输类作为代表进行分析的，那么相应地，房地产类税收的比重越大也越会倾向于交通运输类的公共品供给。基于上述分析思路，本书提出以下研究假设：

一个地方越依赖于房地产类税收，该地方的政府财政支出对经济性公共品供给越能产生积极的正向的激励效应，对经济性公共品的基础设施中的代表交通运输类公共品而言，这个地方越倾向于增加交通基础设施类公共品供给的投入。

房地产类税收对地方税有重要的贡献。房地产类税收越多的地方政府在财政支出方面也会更倾向于经济性公共品（基础设施类公共品）供给。基础设施建设对经济发展有着重要的影响，其中经济发展的桥梁和纽带是交通运输业。一方面，交通运输业是经济发展的前提条件，也是国家经济发展的命脉，"要想富，修公路"这样的口号标示着中国对交通运输业的深刻重视；另一方面，交通运输业也能显著促进地价的上涨，深层次地促进地方政府财税收入增加。

三、实证模型

(一) 变量选择与数据处理

本书中我国交通运输财政支出绝对数据采用了2007~2013年的全国30个省、自治区和直辖市层面（西藏除外）的数据，相关数据来自《中国财政年鉴》(2007~2013);控制变量中的人口密度、经济发展水平、产业结构、转移支付等数据来源于《中国人口和就业统计年鉴》《中国城市统计年鉴》;净转移支付数据为中央转移支付去除地方上解支出,其中5个计划单列市分别考虑在其隶属省之内,中央转移支付和地方上解支出数据来源于《中国财政统计年鉴》。其中地区财政支出、医疗卫生支出均采用CPI(2007=100)进行调整。为了部分消除非平稳时间序列的异方差性,降低回归结果的偏误,减少地区之间各个变量的异质性,本书对所有变量取了自然对数值,也能更直观地反映解释变量的弹性。

(二) 模型设定

根据本书所用数据的特点并借鉴现有文献(李涛和周业安,2009;丁菊红,2010;林江等,2011;李勇刚等,2013;程琳和廖宇岑,2015),我们采用的模型分析如下,其中选取的影响地方政府交通运输财政支出的地区特征主要包括人口密度、经济发展水平、产业结构、转移支付等。

$$\text{trafbz}_{i,t} = \beta_0 + \beta_1 \text{taxbz}_{i,t} + \beta_2 \ln\text{pgdp}_{i,t} + \beta_3 \ln\text{pertran}_{i,t} + \beta_4 \ln\text{perland}_{i,t} + \beta_5 \ln\text{urb}_{i,t} + \beta_6 \ln\text{density}_{i,t} + \beta_7 \ln\text{fi}_{i,t} + \beta_8 D + \varepsilon_{i,t} \quad (4.5)$$

上式中,下标 i 和 t 分别标识省份维度和时间维度;trafbz 意指交通运输财政支出占地方财政支出的比重;taxbz 代表房地产类税收占地方税收的比重;控制变量集包括人均转移支付、人均土地出让金、产业结构、城镇化率、城市人口密度、人均 GDP;D 为虚拟变量,包括地区效应和时间效应,用来控制相关年度的系统性经济冲击和政策变化的影响;ε 为随机扰动项。为了控制可能的共线性和异方差的问题,这里除了因变量和虚拟变量之外的所有回归元,均采用对数进行处理。

(三) 变量指标的设置

针对本节的研究焦点,设置的解释变量、控制变量和被解释变量具体阐述如下:

(1) 被解释变量

本节主要是研究房地产类税收的比重对地方非经济性公共品的教育支出的比重的效应研究,所以采取交通运输财政支出的比重 trafbz(交通运输支出/地方财政支出)指标来衡量地方财政支出中有多少会用于交通运输类公共品供给。

(2) 核心解释变量

房地产类税收的比重,显示了该地区对房地产行业的依赖度,也表明房地产类税收对地方财税的贡献度。本书核心解释变量为房地产类税收(土地增值税、耕地占用税、城镇土地使用税、契税和房产税)占地方税的比重。

(3) 控制变量

控制变量集包括转移支付、产业结构、城镇化率、城市人口密度和人均GDP等等,这些控制变量与上一章的控制变量相应的变量和衡量指标都是一样的,这里不再赘述。

(四) 回归变量统计描述

回归变量的统计描述如表4.7所示,从表中标准差来看:首先,交通运输支出占财政支出的比重标准差并不是很大。原因分析如下:全国范围来看,东部和中部地区的交通运输比西部地区的交通运输坐拥得天独厚的地理优势,但"要想富,修公路"佐证了一部分经济发展落后地区注重交通运输类的财政投入,这些地区的交通运输支出占财政支出的比重就相对较高,而经济越是发达的地方反而因为总的财政支出的绝对量较高,相对降低了交通运输支出占财政支出的比重。其次,人均土地出让金这个变量差别较大,这是不同地区地理位置、经济发展水平和人口因素不同导致的;最后,人均GDP东中西部地区差异较大,各个省市之间也有差异。

表4.7 主要变量的描述统计

变量	定义	平均值	标准差	最小值	最大值
trafbz	交通运输财政支出占总财政支出的比重	0.0574	0.0256	0.0066	0.1612
taxbz	房地产类税收占地方税的比重	0.18	0.06	0.05	0.40
perland	人均土地出让金	923.6	1315	1.26	7704
pertran	人均转移支付	1682	1748	167.8	14 648
density	城市人口密度	1996	1383	25	6307
pgdp	人均GDP	21 012	17 139	2545	93 173

续表

变量	定义	平均值	标准差	最小值	最大值
urb	城市化率	45.23	15.81	18.04	89.3
fi	第二、三产业比重	86.19	7.105	62.09	99.4

注：其中描述统计变量观察值均为210。

四、实证结果与分析

本书采用基准回归参照的普通最小二乘法（OLS），用来捕捉地区间不可观测个体异质性的固定效应（FE）模型或随机效应（RE）模型，针对房地产类税收对交通运输类公共品供给的效应做出以下回归表格：

表4.8 房地产类税收对交通运输类公共品供给的影响

	模型1	模型2	模型3	模型4	模型5	模型6	模型7
taxbz	0.050*** (0.002)	0.036*** (0.006)	0.016*** (0.003)	0.016*** (0.003)	0.015*** (0.003)	0.017*** (0.003)	0.014*** (0.003)
lnpertran		0.016** (0.007)	0.029*** (0.008)	0.029*** (0.008)	0.029*** (0.008)	0.027*** (0.007)	0.021*** (0.003)
lnpgdp			0.030*** (0.010)	0.031*** (0.010)	0.032*** (0.011)	0.040*** (0.008)	0.048*** (0.014)
lnurb				0.023*** (0.002)	0.012** (0.005)	0.016** (0.007)	0.017** (0.007)
lndensity					0.008** (0.004)	0.009** (0.004)	0.011** (0.005)
lnfi						−0.089 (0.069)	−0.079 (0.056)
lnperland							0.014*** (0.004)

续表

	模型1	模型2	模型3	模型4	模型5	模型6	模型7
_cons	0.038*** (0.004)	-0.077 (0.049)	-0.468*** (0.070)	-0.462*** (0.068)	-0.393*** (0.059)	-0.061 (0.274)	0.109 (0.306)
yr_dum	Yes	Yes	Yes	Yes	Yes	Yes	Yes
area_dum	Yes	Yes	Yes	Yes	Yes	Yes	Yes
N	210	210	210	210	210	210	210
r2	0.756	0.766	0.739	0.739	0.741	0.742	0.755

注：Standard errors in parentheses $^*p<0.1$, $^{**}p<0.05$, $^{***}p<0.01$。

通过上述回归表格进一步发现：首先，回归的结论论证了本节提出的假设。房地产类税收比重在1%的置信水平上显著提高交通运输支出的比重，也就是一个地方对房地产越依赖，这个地方越是倾向于对交通运输类的支出，这是地方政府受政绩驱动的实策，另外地方政府和房地产相关企业之间的特殊利益集团的共赢谋略以及房地产类税收按照税收受益原则这两个方面都会促使地方政府偏向于基础建设类中的交通运输财政支出。其次，人均转移支付在1%的置信水平上显著提高政府对交通运输的财政支出比重，这可能是由中国政府间财政转移支付结构和转移支付的"可替换效应"造成的。2013年均衡性转移支付和其他一般性转移支付占一般性转移支付的比重为40%和12%，汇总一起占据一般性转移支付的半壁江山[1]。地方政府在建设性财政预算最大化前提下把没有明确用途的一般性转移支付比如均衡性转移支付或者其他一般性转移支付全部或部分用于建设性财政预算。这是因为中央的转移支付充实地方财力，将之前用于教育等基本公共服务的财力替换出来，增加政府在经济建设或行政管理上的支出，产生了转移支付的"可替代效应"。建设性财政预算的增加也会相应地增加交通运输财政支出。最后，实证发现较高的经济发展水平和城市化率有助于提高交通运输财政支出的比重，本书的回归结果佐证了这一结论。人均GDP在回归结果中均表现出很好的显著性，人均GDP越高代表该地区的经济实力越强，进一步地提高了政府交通运

---

[1] 数据来源：《中国财政年鉴（2014）》。

输支出的比重。最后，人口密度显著正向促进交通运输财政支出的比重。

另外，该回归结果经过剔除北京、上海、广东三地总部经济的样本数据进行回归，回归结果与上表 4.8 回归结果是一致的，两者关联作用具有稳健性。

五、研究结论

本节的研究是基于 30 个省市（剔除西藏）2007~2013 年的面板数据，探究一个地区对房地产的依赖度对该地区的交通运输类公共品的财政支出的影响。交通运输公共品供给水平本书用的指标是财政支出中交通运输支出的比重来度量的，一个地区对房地产的依赖度的指标是用房地产类税收占地方税的比重来度量的。

本节的研究发现和结论有以下几点：一是我国交通运输类公共品供给的现状。交通运输行业发展比较迅速，加之 2008 年四万亿的投资刺激助推交通运输行业的飞速发展，交通运输业的财政投入持续增长。全国范围内各省市自治区的交通运输财政支出占地方财政支出的比重差异较大，但总体上都呈现出持续上升的趋势。二是实证研究结论。首先，房地产类税收比重在 1% 的置信水平上显著提高交通运输支出的比重，说明一个地方对房地产越依赖，这个地方越是倾向于对交通运输类的支出；其次，人均转移支付在 1% 的置信水平上显著提高政府对交通运输的财政支出比重，这可能是由于中国政府间财政转移支付结构和转移支付的"可替换效应"造成的；再次，实证发现较高的经济发展水平和城市化率有助于提高交通运输财政支出的比重，回归结果佐证了这一结论。人均 GDP 在回归结果中均表现出很好的显著性，人均 GDP 的增长正向激励地方政府提高政府交通运输支出的比重。最后，人口密度显著促进交通运输支出比重的增加，也就是说人口密度越大的地区越有规模效应，越是有利于提高地方政府的交通运输支出的比重。

第四节 本章小结

本章为重点章节，承接第三章研究房地产类税收对地方财政收入的影响，第四章主要是研究的是房地产类税收对地方经济性公共品供给的效应，因为

第四章 房地产类税收对经济性公共品供给的效应研究

经济性公共品供给是以财政支出指标来衡量的，所以这章主要是研究房地产类税收对地方财政支出方面的影响。本章从经济性公共品供给的规模和结构实证分析了房地产类税收对地方经济性公共品供给的效应。

第一节分析我国地方经济性公共品供给的现状和该现状的原因，我国地方经济性公共品的供给现状表现为：经济性公共品供给的规模总量持续增加，地方财政支出中经济性公共品财政支出占比增长较快，并且在2008~2013年间，经济性公共品的增速大都显著快于地方财政支出的增速，尤其是2009年经济性公共品的增速是地方财政支出增速的2.21倍，增幅也出现跳跃式增长，经济性公共品结构中的交通运输类公共品供给在2007~2013年间的平均增幅47.74%，由此可见，我国地方政府偏好经济性公共品供给。

第二节实证分析房地产类税收对地方经济性公共品供给的效应，从规模方面研究的结论为：一个地方越依赖房地产业，也就是说房地产类税收占地方税的比重越大，该地方政府基于房地产税收受益论、税收价格论，另外也迫于政绩考核的压力，地方政府财政支出就越倾向于与房地产相关的基础建设等经济性公共品生产性投资，对经济性公共品供给产生正向的激励效应。

第三节鉴于经济性公共品中的典型代表是交通运输类公共品，从经济性公共品供给的结构方面，本节主要深入细致地研究房地产类税收对交通运输类公共品供给的效应。房地产类税收对地方交通运输类经济性公共品供给的效应结论：一个地方越依赖于房地产类税收，该地方的政府财政支出对经济性公共品供给越会产生积极的正向的激励效应，对经济性公共品的基础设施中的代表——交通运输类公共品而言，这个地方越倾向于增加交通基础设施类公共品供给的投入。交通运输业是经济发展的纽带和桥梁，也是经济发展的前提条件。"要想富，修公路"这样的口号标示着中国对交通运输业的深刻重视。交通运输业也能显著促进地价的上涨，深层次地促进地方政府财税收入增加。另外一方面，交通运输业发展带动的经济发展更容易在短期内给政府带来显性的政绩，地方政府作为政界的"经济理性人"而言，就会增加交通运输业的财政支出。综合分析发现，一个地方越是依赖于房地产类税收，该地方也越是倾向于增加对交通基础类公共品的投入。

第五章 房地产类税收对非经济性公共品供给的效应研究

上面第四章研究的重要内容是房地产类税收对地方经济性公共品供给的效应，因本书界定的地方公共品分为经济性公共品和非经济性公共品，承接上一章的研究内容，本章主要研究的是房地产类税收对非经济性公共品供给的效应，从规模和结构两方面来实证分析，旨在探讨房地产类税收对地方非经济性公共品供给是否存在结构性的偏好，对非经济性公共品是存在激励促进效应还是挤出效应，进而对房地产类税收提出相关改革建议，提高短缺类公共品供给的水平。

本章结构如下：第一节是我国地方非经济性公共品供给的概况，从非经济性公共品供给的现状、特点和原因谈起；第二节实证研究房地产类税收对非经济性公共品供给的效应，这一节从非经济性公共品供给的规模方面分析；第三节和第四节分别从非经济性公共品供给的结构中的两个典型代表教育和医疗卫生类公共品出发，实证研究房地产类税收对教育和医疗卫生类非经济性公共品供给的效应；第五节是通过上述章节的研究，分析房地产类税收对地方公共品供给现状的深层次原因，进而为后面章节房地产类税收改革的政策建议做铺垫。

第一节 我国地方非经济性公共品供给的概况

一、我国地方非经济性公共品的供给现状

鉴于本书主要用非经济性公共品的财政支出占地方财政总支出的比重来

衡量地方非经济性公共品的供给指标，本书拟从我国地方非经济性公共品的财政支出表入手，从规模和结构两个方面来分析。教育和医疗卫生类公共品两个方面的表格具体如下：

表 5.1 2007~2013 年地方非经济公共品相关的财政支出表（单位：亿元）

财政支出	地方公共财政支出	地方公共财政支出增幅（%）	科教文卫汇总	科教文卫支出增幅（%）	科教文卫财政支出占地方公共财政支出的比重（%）
2007	38 339.29	—	10 312.67	—	26.90
2008	49 248.49	28.45	13 235.83	28.35	26.88
2009	61 044.14	23.95	16 349.63	23.53	26.78
2010	73 884.43	21.03	19 541.15	19.52	26.45
2011	92 733.68	25.51	25 446.99	30.22	27.44
2012	107 188.34	15.59	31 628.45	24.29	29.51
2013	119 740.34	11.71	34 153.56	7.98	28.52

数据来源：《中国统计年鉴》（2008~2014）。

从上表我们可以得到：在规模总量方面，科教文卫类公共品也就是非经济性公共品的供给呈现出绝对量的增长，在地方财政支出结构中的比重由 2007 年的 26.90% 攀升到 2012 年的至高点 29.51%，在 2013 年受整体经济形势的影响下滑到 28.52%，但在 2007~2013 年间，科教文卫财政支出占地方公共财政支出的比重始终未超过 30%。在增幅方面，非经济性公共品的增长速度在 2008~2010 年间一直落后于地方公共财政支出的增速，在 2011~2012 年间出现增速快于地方公共财政支出的增速，但在 2013 年两者拉开较大差距，增速显著低于地方公共财政支出的增速 3.73 个百分点，表明地方政府对科教文卫类公共品供给热情不足。

表 5.2　2007~2013 年地方科教文卫财政支出表（单位：亿元）

年份	科学技术	科技增幅(%)	教育	教育增幅(%)	文化体育与传媒	文体增幅(%)	医疗卫生与计划生育	医疗卫生增幅(%)
2007	858.44	—	6727.06	—	771.43	—	1955.75	—
2008	1051.86	22.53	8518.58	26.63	955.13	23.81	2710.26	38.58
2009	1310.70	24.61	9869.92	15.86	1238.32	29.65	3930.69	45.03
2010	1588.88	21.22	11 829.06	19.85	1392.57	12.46	4730.62	20.35
2011	1885.88	18.69	15 498.28	31.02	1704.64	22.41	6358.19	34.41
2012	2242.20	18.89	20 140.64	29.95	2074.79	21.71	7170.82	12.78
2013	2715.31	21.10	20 895.11	3.75	2339.94	12.78	8203.20	14.40

数据来源：《中国统计年鉴》（2008~2014）。

从上表的科教文卫分结构财政支出表可以得到：在财政支出绝对量和财政支出的年增加值方面，教育方面的财政支出绝对量最大，在科教文卫中名列前茅，其次是医疗卫生与计划生育，再次是科学技术，最后是文化体育与传媒；在增幅方面，医疗卫生与计划生育相关的财政支出增幅在 2008~2009 年间占据榜首，科学技术方面的财政支出在 2010 年占据首位，2011 年医疗卫生与计划生育和教育方面的财政支出出现大幅增长，但在 2013 年教育方面的财政支出增长最为缓慢，仅仅为 3.75%，也低于科教文卫汇总后的财政支出占地方财政支出的比重增幅 7.98%，2013 年科学技术方面的财政支出显现出积极的增长趋势，得益于 2013 年我国实施创新驱动发展战略，提高了对科技创新的重视，加大相关财政投入，科学技术方面的财政支出增幅在科教文卫非经济性公共品供给中名列前茅。

综合上述两个表格，分析发现：科教文卫总体的财政支出规模在增加，但增幅一般情况下慢于地方公共品财政支出的增幅，另外，我国逐渐加大对医疗卫生和科学技术方面的财政投入，表明我国对非经济性公共品供给有所偏向，更侧重于与居民息息相关的医疗卫生和带动经济长远发展的科学技术两个方面。

二、我国地方非经济性公共品供给现状特点和原因分析

我国地方非经济性公共品供给现状的特点和主要原因分析如下：

一是非经济性公共产品供给能力和总量不足。

我国目前的财力规模还没有能力完全满足日益增长的公共产品需求。财政收入占 GDP 比重的总体趋势是下降的，近几年虽有所改善但是效果并不明显；并且这一比重明显偏低，既低于发达国家，也低于发展中国家。长期以来，为了追求经济快速增长，我国政府直接参与竞争性产品的经营，广泛参与私人产品的提供，政府本应提供的公共产品却长期短缺，造成公私角色错位。

二是非经济性公共品短缺较为严重，地区和城乡之间差异较大。

非经济性公共品相对于经济性公共品供给存在较为严重的短缺现象，地区和城乡之间差异较大。原因分析如下：首先，地方政府有明显的财政支出结构偏好，地方政府之间的财政竞争致使地方政府更多地偏好于经济性公共品的投入，挤出非经济性公共品的供给；其次，经济发展水平较高的东中部比西部地区的非经济公共品供给高，这主要是因为非经济性公共品具有如下特点：投入时间长，见效较慢，外溢性较强。相对经济性公共品而言，不能给政府带来较显著的政绩，但却是地区经济长远发展的推动力和助推器。针对非经济性公共品的上述特点，又鉴于地方政府官员的政绩考核机制，地方政府财政支出更多地偏向于基础建设，所以呈现出民生类公共品供给短缺的现象。再次，我国长期存在的城乡分离的"二元社会结构"、人口流动性受到户籍的制约，享受的公共品也相应受到户籍的限制，外加东中西部的经济发展不平衡，致使我国非经济性公共品供给呈现出较大的城乡和地区差异。最后，地方政府事权大于财权，承担了许多应由上级政府承担的支出责任，部分应由中央和省政府提供的公共产品当前是由更低一级的政府提供的。在事权与支出责任不对称的情况下，地方性公共产品供给将不可避免地出现低效率甚至是无效率现象。

第二节 房地产类税收对非经济性公共品供给规模的效应研究

一、研究思路和研究假设

通过前文的分析可以知道，财政支出对地方公共品的低效率主要表现在在 GDP 为核心的政绩考核驱使下，地方政府支出"重基本建设、轻人力资本投资和公共服务"，这样的短视行为不利于地方经济的长期和谐发展。房地产类税收对地方财政收入有重要的贡献，而房地产税是一种受益税，应该提供当地的公共品供给，房产税满足税收受益原则，影响当地的公共支出（Tiebout, 1956; Hamilton, 1976; Fischel, 1993; Fischel, 2001）。美国房地产税的绝大部分和韩国房地产税的一部分专门用于教育类非经济性公共品供给，我国房地产类税收对地方非经济性公共品供给和非经济性公共品的典型代表教育类公共品和医疗卫生类公共品供给又会存在什么样的影响呢？

本书主要是通过全国 30 个省市的面板数据[1]，探究房地产类税收对非经济性公共品的供给规模和结构中的典型代表教育类公共品和医疗卫生类公共品供给的效应，揭示其内在规律，进一步探索对房地产类税收相关的改革建议，为完善房地产税收制度的顶层设计提供建设性的指导，优化政府财政支出结构，更好地提高民生类公共品的供给水平。

通过上述的研究思路，借鉴现有的文献研究结果，如房地产税满足税收受益原则，其影响当地的公共支出（Tiebout, 1956; Hamilton, 1976; Fischel, 1993; Fischel, 2001）；房地产税的税收价格理论（林达尔，1919）；以及房地产开发商和地方政府组成的利益集团理论，致使地方政府在制定公共决策的时候，将更多的偏好和热情投入基础建设类公共品，对民生类公共供给容易产生"挤出效应"。本书针对以上分析，提出相关研究假设：

一个地方越依赖房地产业，也就是说房地产类税收占地方税的比重越大，该地方政府基于房地产税收受益论、税收价格论、特殊利益集团理论，另外也迫于政绩考核的压力，地方政府财政支出就越对科教文卫等非经济性公

---

[1] 考虑到国家对于西藏的政策倾斜性和西藏数据的不可得性，本书分析的面板数据剔除西藏省份。

第五章　房地产类税收对非经济性公共品供给的效应研究 ❖

品供给产生显著的挤出效应。

二、实证模型

（一）变量说明及衡量指标

1. 被解释变量

非经济性公共品供给（kcbz），公共品供给的指标有支出类和产出类。

（1）公共品供给的投入指标

公共品供给的投入是用财政支出的多少来衡量的。为了消除人口个体异质性的影响，具体指标采用的是人均每年财政支出增量。非经济性公共品供给的支出指标为：人均科教文卫等财政支出、人均每年分省市的有关科教文卫等方面的财政支出（范子英和张军，2013；邓可斌和丁菊红，2009；平新乔和白洁，2006）。这两个指标均从公共品供给的角度也就是每年财政支出增量来考量。

本书为了进一步准确地度量财政每年在非经济性公共品投入多少，具体采用的是每年人均非经济性公共品财政支出占人均财政总支出的比重这个指标来衡量，这也是本节的核心被解释变量。

（2）公共品供给的产出指标

非经济性公共品供给的产出指标：非经济性公共品的供给综合评价体系主要包含教育、医疗卫生、生态环境、文化建设等方面，其中教育指标主要包含：小学师生比、初中师生比[1]；医疗卫生指标主要包含每千人拥有床位数、每万人拥有医生数；生态环境指标主要包含城建区绿化覆盖率，文化建设指标主要包含人均公共图书馆藏书册数。经济性公共品供给的产出指标本书主要是参照人均铺装道路面积来测度。非经济性公共品供给指标主要采用熵值法对上述小学师生比、初中师生比、每千人拥有床位数，每万人拥有医生数和人均公共图书馆藏书册数总共五个指标采用熵值法形成一个综合的评价指标。这两个指标也是参照已有的研究文献中提出的指标（李勇刚等，

---

[1]　虽然"普及九年制义务教育"要求是以小学入学率衡量义务教育的，但是小学入学率的样本方差较小的系数（仅仅0.5）无法衡量我国教育在时空的异质性，Barro（1991）更支持采用师生比和成人识字率来衡量教育质量，在类似公共品供给质量的研究中，很多学者采用基础教育的师生比指标作为度量教育质量（Eckaus，2003；万广华等，2005）。

2013；陈硕，2010；邵挺和袁志刚，2010；邓可斌和丁菊红，2009）。

2. 核心解释变量

房地产类税收的比重显示了该地区对房地产行业的依赖度，或者说是房地产类税收对地方财税的贡献度。本书核心解释变量为房地产类税收收入占地方税收收入的比重。

3. 控制变量

控制变量中：人均土地出让金、人均净转移支付、人均 GDP（PGDP）、城市化率、城市人口密度、产业结构与第四章经济性公共品供给模型中的变量衡量指标相同，这里不再赘述。

（二）数据来源

稳健性检验时各个公共品供给产出指标如每千人拥有床位数、每万人拥有医生数、人均拥有公共图书馆馆藏等数据来自于国研网统计数据库中的宏观经济数据库，部分缺失数据分别在《中国教育统计年鉴》《中国城市统计年鉴》《中国卫生统计年鉴》中得到；小学师生比是根据《中国教育统计年鉴》中的各个省市的小学学生数、小学专职教师数得出的。其他数据来源均与第四章中数据来源一致。

（三）描述性统计与分析

本书首先通过散点图和拟合线描述房地产类税收对非经济性公共品供给效应的初步分析，散点图和拟合线均使用原始数据进行。

图 5.1 通过散点图和拟合线描述了房地产类税收的比重与地方非经济性公共品供给的简单的相关特征。从直观图中可以看出，房地产类税收比重与非经济性公共品，也就是软公共品（科教文卫支出）表现为负相关。直观上看，一个地方越依赖于房地产，这个地方的财政支出越倾向于挤出非经济性公共品供给。

第五章 房地产类税收对非经济性公共品供给的效应研究

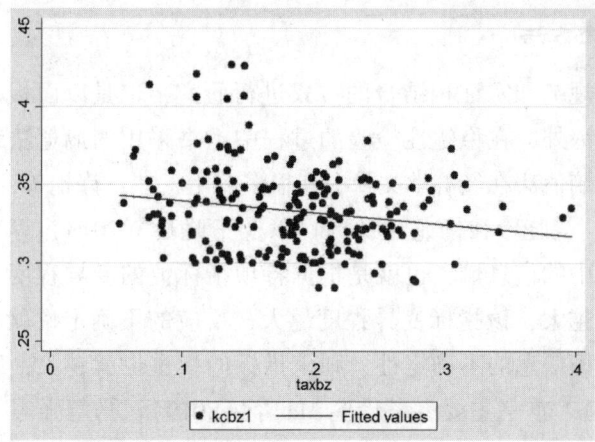

图 5.1 房地产类税收比重与非经济性公共品财政支出比重的关系[1]

相关的主要变量的描述性统计如下表所示：

表 5.3 主要变量的描述统计

变量	定义	平均值	标准差	最小值	最大值
kcbz	科教文卫财政支出占总财政支出的比重	0.27	0.03	0.18	0.35
taxbz	房地产类税收占地方税的比重	0.18	0.06	0.05	0.40
taxbzjq	房地产类税收占地方税的比重加权值	0.1706	0.0581	0.0481	0.3826
kcpg	非经济性公共品熵值法综合指标	0.0333	0.0050	0.0260	0.0505
perland	人均土地出让金	923.60	1315	1.26	7704
pertran	人均转移支付	1682	1748	167.80	14 648
density	城市人口密度	1996	1383	25	6307
pgdp	人均 GDP	21 012	17 139	2545	93 173
urb	城市化率	45.23	15.81	18.04	89.30
fi	第二、三产业比重	86.19	7.105	62.09	99.40

注：其中描述统计变量观察值均为 210。

---

[1] taxbz 为房地产相关税收占地方税税收收入的比重，kcbz1 为科教文卫类财政支出的比重占地方财政支出的比重，也就是非经济性公共品财政支出的比重占地方财政支出的比重。

(四) 研究方法

本章采用规范和实证相结合的方式进行研究，也是以面板数据为主的计量分析方法，另外，在稳健性检验的过程中本书采用的熵值法综合多个指标为一个指标。熵值法在经济学文献中有很多应用，如：许艳等（2009）、伏润民等（2010）、胡晓珍和杨龙（2011）以及王晓玲（2013）等。熵值法主要是利用信息论中的信息熵，也就是根据各项指标值的变异程度来确定指标权数的，信息量越大，该指标变异程度越大，反应的不确定性就越小，熵也就越小，为了平衡信息的不确定性，则该指标的权重也就越大；反之亦然（伏润民等，2010）。本书主要参考借鉴 Ma 等（2010）、马慧强等（2011）及其李勇刚等（2013）的熵值法，计算软公共品供给综合评价指标。

本书中有关软公共品的五个指标中，综合考虑了小学师生比、初中师生比、每千人拥有床位数、每万人拥有医生数和人均拥有公共图书馆馆藏。这里教育指标（小学师生比和初中师生比）、卫生指标（每千人拥有床位数、每万人拥有医生数）在 30 个省市之间差异较大，对软公共品供给指标的贡献较为显著，应该赋予较大的权重，文化指标（人均拥有公共图书馆馆藏）对软公共品综合指标贡献性不太显著，应该赋予相对比较小的权重。

(五) 计量模型的设定

依据 Zhuravskaya（2000）、World Bank（2006）现有的研究模型，本书构建了房地产类税收和非经济性公共品供给的计量模型：

$$\text{kcbz}_{i,t} = \beta_0 + \beta_1 \text{taxbz}_{i,t} + \beta_2 \text{lnperland}_{i,t} + \beta_3 \text{lnpertran}_{i,t} + \beta_4 \text{lnpgdp}_{i,t}$$
$$+ \beta_5 \text{lnurb}_{i,t} + \beta_6 \text{lndensity}_{i,t} + \beta_7 \text{lnfi}_{i,t} + \varepsilon_{i,t} \quad (5.1)$$

其中，(5.1) 式中的 i 和 t 分别标识省份维度和时间维度；kcbz 为模型中的被解释变量，代表非经济性公共品供给水平，taxbz 为本书的核心解释变量，衡量房地产类税收收入占地方税收收入的比重；余下的控制变量有 lnperland、lnpgdp、lnpertran、lnurb、lndensity 和 lnfi，分别代表了人均土地出让金的对数、人均国内生产总值的对数、人均转移支付的对数、城市化率的对数、城市人口密度的对数和第二、三产业占比的对数。(5.1) 式是房地产类税收和土地出让金等变量对非经济性公共品的供给水平的影响的模型，控制变量和

第四章节中房地产类税收对地方经济性公共品供给的模型中的控制变量都是一致的，可以方便比较两大类公共品供给效应的差异化。

三、实证结果与分析

（一）房地产类税收对非经济性公共品的效应研究

房地产类税收对非经济性公共品的影响回归结果如下表所示：

表 5.4　房地产类税收对地方非经济性公共品供给的效应

Kcbz	模型 1	模型 2	模型 3	模型 4	模型 5	模型 6	模型 7
taxbz	-0.013*** (0.003)	-0.012*** (0.003)	-0.011*** (0.003)	-0.011*** (0.003)	-0.009** (0.004)	-0.011*** (0.004)	-0.011*** (0.004)
lnpertran		0.062*** (0.009)	0.060*** (0.009)	0.061*** (0.011)	0.059*** (0.011)	0.059*** (0.012)	0.059*** (0.012)
lndenstiy			0.005 (0.003)	0.004** (0.002)	0.002** (0.001)	0.004** (0.002)	0.004** (0.002)
lnfi				0.003 (0.057)	0.002 (0.037)	0.001 (0.023)	0.001 (0.022)
lnurb					0.026** (0.010)	0.061*** (0.009)	0.061*** (0.009)
lnpgdp						0.027*** (0.005)	0.028*** (0.005)
lnperland							0.000 (0.001)
_cons	0.094** (0.041)	0.872*** (0.102)	0.818*** (0.100)	0.920*** (0.322)	0.727** (0.305)	0.770** (0.311)	0.771** (0.313)
yr_dum	Yes	Yes	Yes	Yes	Yes	Yes	Yes
area_dum	Yes	Yes	Yes	Yes	Yes	Yes	Yes

续表

Kcbz	模型1	模型2	模型3	模型4	模型5	模型6	模型7
N	210	210	210	210	210	210	210
r2	0.422	0.491	0.495	0.497	0.512	0.523	0.523

注：Standard errors in parentheses $^*p<0.1$,$^{**}p<0.05$,$^{***}p<0.01$。

从上述逐步回归表格中，可以发现：首先，地方房地产类税收的比重与科教文卫财政支出占总财政支出的比重在1%的置信水平上具有显著负相关，也就是说一个地方越是依赖于房地产，亦表明房地产类税收占地方税收的比重越大，该比重增加1%，则会对该地方的科教文卫支出比重产生1.1%的挤出效应。其次，人均转移支付的增加显著促进了地方财政支出中科教文卫的比重，而人均土地出让收益的增加对地方科教文卫支出的比重没有显著的影响。最后，控制变量中：城市化率和城镇人口密度对地方科教文卫财政支出的比重都有显著的促进作用，这里主要是城市化率和城镇人口密度越大，公共品供给越倾向于城市化，越表现为更大的规模效应。第二、三产业结构占比对地方科教文卫财政支出的比重没有显著的作用。地方经济发展水平每提高1%，则在1%的水平上显著地促进了科教文卫支出的比重增加2.8%，经济发展水平对科教文卫支出的比重有显著促进作用。

（二）内生性问题：IV 回归检验

本书选择滞后一期的房地产类税收的比重和相邻省份房地产类税收比重的综合两个指标作为 IV 选择。IV 回归分别采用 2SLS、有限信息最大似然方法（LIML）和 GMM 方法进行估计[1]。估计结果见下表：

---

[1] Baum 和 Schaffer（2007）指出，两阶段最小二乘回归（2SLS）在球形扰动项假设下最有效率，但如果所选择工具变量存在弱识别（weak identification）或序列相关，则 2SLS 估计不再稳健，此时选择对工具变量识别更不敏感的有限信息最大似然估计（LIML）方法进行估计效果更好；如果扰动项存在异方差或自相关，并且工具变量多于内生变量，则使用 GMM 估计会比 2SLS 更为有效，GMM 在异方差等存在的情况下，依然是稳健和最优的。

第五章 房地产类税收对非经济性公共品供给的效应研究

表5.5 房地产类税收对地方非经济性公共品：IV 回归

	非经济性公共品		
	模型4	模型5	模型6
	2sls	liml	gmm
taxbz	-0.023** (0.010)	-0.023** (0.010)	-0.022*** (0.007)
lnpertran	0.076*** (0.020)	0.076*** (0.020)	0.073*** (0.013)
lnurb	0.001*** (0.000)	0.001*** (0.000)	0.001*** (0.000)
lndensity	0.004** (0.002)	0.004** (0.002)	0.004** (0.002)
lnfi	0.002 (0.036)	0.001 (0.021)	0.001 (0.022)
lnpgdp	0.033*** (0.012)	0.033*** (0.012)	0.032*** (0.010)
lnperland	0.001 (0.003)	0.008 (0.017)	0.006 (0.008)
_cons	0.870*** (0.285)	0.870*** (0.285)	0.836*** (0.204)
yr_dum	Yes	Yes	Yes
area_dum	Yes	Yes	Yes
N	190	190	190
r2	0.452	0.450	0.442
Hansen J P-value	0.029 (0.868)	0.008 (0.929)	0.028 (0.668)

注：* $p<0.1$，** $p<0.05$，*** $p<0.01$ 表示在10%、5%和1%水平上显著，IV-GMM 估计中 Hansen J statistic 过度识别检验的原假设为工具变量外生有效。

表 5.5 列示了依据两种不同 IV 方法得到的估计结果。结果显示，房地产类税收在三个回归模型中几乎均在 5% 的显著性水平上显著，这与表 5.4 中基准回归的结果基本一致，在一定程度上能够表明，上文关于房地产类税收的比重对非经济性公共品供给的影响是稳健的，至少在 5% 的显著性水平上成立。在上述完整的回归中，由 Hansen J statistic 表征的过度识别检验的结果，也证明本书选择的工具变量是外生有效的。

（三）稳健性检验

为验证上述结论的正确性，鉴于考虑重要核心的影响因素，本书采用以下两种方法作为稳健性分析，对上述分析做进一步检验。

首先，依据李勇刚等（2013）、陈硕（2010）、邵挺和袁志刚（2010）以及邓可斌和丁菊红（2009）的论述对公共品的供给综合评价体系和非经济性公共品的产出指标进行研究。主要包含教育、医疗卫生、交通状况、生态环境、文化建设等方面，其中教育指标主要包含：小学师生比、初中师生比；医疗卫生主要包含每千人拥有床位数、每万人拥有医生数；文化建设主要包含人均公共图书馆藏书册数。本书对非经济性公共品供给的指标用的是小学师生比、初中师生比、千人拥有床位数、每万人拥有医生数和人均公共图书馆藏书册数五个指标，按照熵值法综合为一个指标作为非经济性公共品的代理指标。

其次，考虑"总部经济"的异常值影响。为了去除"总部经济"效应的影响，并尽可能保存样本数量本书只删去北京、上海、广东三地的样本数据进行回归。估计结果见下表中的稳健性检验：

表 5.6　房地产类税收对地方非经济性公共品供给效应的稳健性检验

	非经济性公共品			
	检验 1（变换指标）		检验 2（去除总部经济）	
	模型 5	模型 6	模型 7	模型 8
	Ols	2sls	Ols	2sls
taxbz	-0.021** (0.009)	-0.022** (0.009)	-0.019** (0.009)	-0.023*** (0.008)

续表

	非经济性公共品			
	检验1（变换指标）		检验2（去除总部经济）	
	模型5	模型6	模型7	模型8
	Ols	2sls	Ols	2sls
lnpertran	0.059*** (0.014)	0.069*** (0.018)	0.071*** (0.020)	0.080*** (0.016)
lnperland	0.004 (0.006)	0.005 (0.006)	0.006 (0.008)	0.006 (0.010)
lnurb	0.009*** (0.016)	0.009*** (0.016)	0.002*** (0.000)	0.002*** (0.000)
lndensity	0.008* (0.006)	0.008* (0.006)	0.007* (0.004)	0.007* (0.004)
lnfi	0.002 (0.036)	0.001 (0.022)	0.003 (0.048)	0.002 (0.039)
lnpgdp	0.033*** (0.010)	0.037*** (0.011)	0.038*** (0.011)	0.040*** (0.011)
_cons	0.860** (0.352)	0.890** (0.420)	0.720** (0.292)	0.848*** (0.243)
yr_dum	Yes	Yes	Yes	Yes
area_dum	Yes	Yes	Yes	Yes
N	210	210	210	210
r2	0.521	0.501	0.431	0.423

注：Standard errors in parentheses * $p<0.1$, ** $p<0.05$, *** $p<0.01$。

房地产类税收对非经济性公共品供给的稳健性检验表格显示结果与表5.4的回归结果保持一致，在去除"总部经济"样本北京、上海和广东三个地区的回归后，房地产类税收比重对非经济性公共品供给的作用，在OLS和2SLS回归中也都显著负相关，这说明在消除总部经济的经济集聚、市场情况等非竞争因素的干扰之后，回归结果与前面表 5.4 回归结果是一致的，不会因其发生变化，这样进一步印证了上述关于两者关联作用的稳健性。

第三节 房地产类税收对教育类非经济性公共品供给的效应研究

本章第二节中主要研究的是房地产类税收对地方非经济性公共品（科教文卫类公共品）供给的效应，下面第三节和第四节分别针对非经济性公共品分类结构中的典型代表教育和医疗类公共品供给展开细致研究，具体研究如下：

一、我国教育类公共品供给的现状

自实施"科教兴国"战略以来，我国对教育的重视逐步提高，教育支出在绝对量上呈现出持续增长态势。全国教育支出从 2007 年的 6727.06 亿元增加到 2013 年的 20 895.11 亿元。但是教育支出的相对规模仍然是偏小。教育公共品供给本书主要是采用教育支出的指标来衡量的。从全国宏观层面的总量上来看，我国教育支出投入力度不够，教育支出占地方政府一般预算支出的比重从 2007 年的 17.55%一直下降到 2010 年的 16.01%，2013 年小幅攀升到 17.45%。公共预算支出中教育方面的财政支出占 GDP 的比重从 2007 年的 2.49%稳步增加到 2013 年的 3.52%[1]。我国教育公共品供给水平的提高任重道远。具体的教育财政支出表和分省市的教育支出占财政支出比重的时间变化趋势图描述如下：

表 5.7　2007~2013 年公共预算支出、GDP 和教育财政支出表（单位：亿元）

年份	一般预算支出	教育支出	GDP	教育支出占比一般预算支出的比重（%）	教育占 GDP 的比重（%）
2007	38 339.29	6727.06	270 092.30	17.55	2.49
2008	49 248.49	8518.58	319 244.60	17.30	2.67
2009	61 044.14	9869.92	348 517.70	16.17	2.83

---

[1] 数据来源：《中国统计年鉴》（2008~2014）。

第五章　房地产类税收对非经济性公共品供给的效应研究

续表

年份	一般预算支出	教育支出	GDP	教育支出占比一般预算支出的比重（%）	教育占GDP的比重（%）
2010	73 884.43	11 829.06	412 119.30	16.01	2.87
2011	92 733.68	15 498.28	487 940.20	16.71	3.18
2012	107 188.30	20 140.64	538 580.00	18.79	3.74
2013	119 740.30	20 895.11	592 963.20	17.45	3.52

数据来源：中国经济与发展统计数据库。

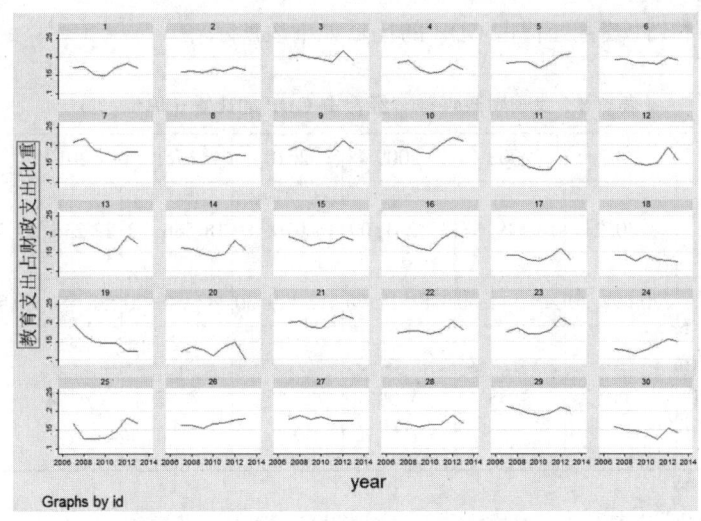

1. 安徽；2. 北京；3. 福建；4. 甘肃；5. 广东；6. 广西；7. 贵州；8 海南；9 河北；10. 河南；11. 黑龙江；12. 湖北；13. 湖南；14. 吉林；15 江苏；16. 江西；17. 辽宁；18 内蒙古；19. 宁夏；20. 青海；21. 山东；22. 山西；23. 陕西；24. 上海；25. 四川；26. 天津；27. 新疆；28. 云南；29. 浙江；30. 重庆。

图 5.2　各省市教育支出占财政支出比重的时间变化趋势图（2007~2013）

从各个省市的教育支出占财政支出的比重趋势图来看，全国范围内各省市自治区的教育方面的财政支出占地方财政支出的比重存在较大的差异，但总体上都呈现出下降的趋势，仅2012年表现出上涨的态势，2013年又呈下降趋势。全国范围在2007~2013年，四川省的教育支出占地方财政支出的比重下降趋势最明显,广东省的教育支出绝对量 1744.59 万元(教育支出)和相对量 1639.04 元/人(教育支出占财政支出的比重)在全国占据榜首,并且上升趋势最显著。4 个直辖市(北京、上海、天津和重庆)中的 2013 年教育支出从大到小排序为:北京 681.18 亿元、上海 679.54 亿元、天津 461.36 亿元、重庆 437.28 亿元;人均教育支出从大到小的排序为:北京 3220.71 元/人、天津 3134.24 元/人、上海 2813.83 元/人和重庆 1472.32 元/人[1]。这些直辖市相对而言,都是经济比较发达的地区,得益于城市经济的快速发展,按常理来说应该是教育支出占财政支出的比重或者是人均教育支出较大,但实际情况从图 5.2 的相对量上来看,教育支出占地方财政支出的比重在全国范围内均较低,并且重庆在 2007~2013 年这个比例表现出下降的趋势。

我国财政性教育经费占 GDP 的比重如下表所示:

表 5.8 我国财政性教育经费占 GDP 的比重(单位:%)

年份	2007	2008	2009	2010	2011	2012	2013
财政性教育经费(亿元)	8280.21	10 449.63	12 231.09	14 670.07	18 586.70	22 236.23	24 488.22
GDP(亿元)	270 092.30	319 244.60	348 517.70	412 119.30	487 940.20	538 580.00	592 963.20
财政性教育经费占 GDP 的比重(%)	3.12	3.33	3.59	3.65	3.93	4.28	4.30

数据来源:《中国教育经费统计年鉴》(2008~2014)。

表 5.8 反映出我国公共教育投资明显偏低,财政性教育经费占 GDP 的比重与世界其他国家相比还存在着相当大的差距。自 1980 年以来,世界国家的财政性教育经费占 GDP 比重平均水平稳定在 4.70%~4.90%,其中,较为发达国家的财政性教育经费占 GDP 比重为 4.90%~5.10%,欠发达国家的财政性教育经费占 GDP 比重为 3.80%~3.90%。如果计算实际值,中国的公共教育经费总额不足美国的 1/10,仅为日本的 1/4。

---

[1] 数据来源:历年《中国教育统计年鉴》及其计算得到。

第五章 房地产类税收对非经济性公共品供给的效应研究

从人均教育经费方面来看，我国东中西部差异较大[1]。东部地区经济发展水平相对中西部较高，相应地，教育资源也比较丰富，并且东中西部地区之间的教育财政投入存在一定差距。2000年我国东部、中部和西部地区教育经费投入分别为1782.14亿元、873.74亿元和693.15亿元，分别占全国教育经费投入的53.21%、26.09%和20.70%，东部地区教育经费分别是中部和西部地区的2.04和2.57倍，2011年东部地区人均教育经费为1866.25元，中部地区人均教育经费为1315.90元，西部地区人均教育经费为1548.80元，西部地区人均教育经费分别比东部地区低317.45元，比中部地区高232.90元[2]，人均教育经费出现"东高、中底、西平"的现象，而东部人均教育经费具有绝对优势。

本书主要研究的是房地产类税收对公共品供给的影响和效应，那么房地产类税收对教育类公共品两者在长期内存在什么关系，从两者的趋势图来看，分析如下：

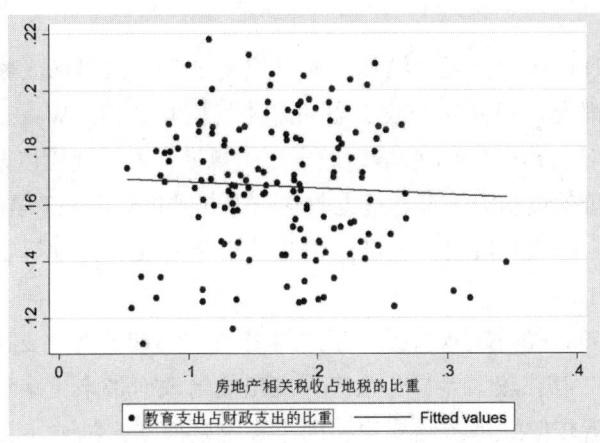

图5.3 房地产相关税占地税的比重与教育支出占财政支出的比重的散点图

从图5.3中可以发现，2007~2013年，越是依赖与房地产类税收的地区，

---

〔1〕 东部地区有11个省级行政区，包括北京、天津、河北、辽宁、上海、江苏、浙江、福建、山东、广东和海南。中部地区有8个省级行政区，分别是山西、吉林、黑龙江、安徽、江西、河南、湖北、湖南。西部地区包括的省级行政区共12个，本书去除了西藏，分别是四川、重庆、贵州、云南、陕西、甘肃、青海、宁夏、新疆、广西、内蒙古。

〔2〕 数据来源：历年《中国教育统计年鉴》。

该地方的教育支出占财政支出的比重越是表现出下降的趋势，两者的关系是负相关的。下面将针对该问题展开具体分析。

二、研究思路和研究假设

在我国，消费者对于教育方面的支出仍然是"压力山大"，总体上仍然存在"上学难，上学贵"的现象。"百年大计，教育为本"教育对居民具有深远重大的意义。学者对教育公共品及其教育支出在已有的研究文献中主要是从需求理论、政府体制与制度理论来分析的。需求理论中比较早的有 Adolf Wagner 提出的"瓦格纳定律"，"瓦格纳定律"强调在人均收入增长的同时，政府相关的公共支出也会增长，国家越来越富有，相应的公共监管等费用也会提高，居民也会对教育、文化等类的公共品产生更多的诉求，可是相对于行政费用支出的增加，这些居民最为关心的公共品却犹如奢侈品较难以得到满足。因此，Adolf Wagner 指出了公共教育支出会受到地区经济增长等因素影响。

需求因素理论认为：人口结构、人口规模以及人们对私人物品和公共品的需求等因素都会影响公共财政支出的总体规模和结构。Wacziarg 和 Alesina（1998）通过实证研究发现了政府财政支出的规模、人口规模以及教育财政支出之间呈现显著的负相关关系。这也归咎于公共品供给方面存在的规模效应。Burney（2002）的研究指出，经济结构和城市化的发展程度等都会影响教育方面的财政支出。

Mauro（1998）的核心观点是：因为生产性支出和消费性支出给政府官员带来的"租金"存在较大差异，生产性支出能给政府带来更多租金的，所以政府财政支出就较偏好生产性支出，因为决定政府支出结构中的重要因素是寻租带来的收益。相应地就会挤占非经济性公共品（比如教育、医疗等）的供给。

我国针对教育公共品供给方面，是从教育支出规模研究和教育支出的影响因素方面来分析的。教育支出规模方面：马拴友（2002）采用世代交叠模型分析了公共教育支出与经济增长的关系，指出在考虑税收时存在使经济增长最大化的最优公共教育支出规模，并计算得到我国财政性教育支出的最优规模占 GDP 的比重应为 2.4%。席小涛（2010）通过教育支出强度、支出结构、生均支出水平衡量了我国教育发展水平，用教育支出总额、教育支出占财政支出的比重等指标对我国教育支出规模进行分析，发现我国教育支出的绝对规模和相对规模都不断增长，但教育投入总量依然不足，支出总水平有待提高，同时指出了我国教育支出存在使用结构不合理等问题。教育支出的影响因素方面：经济发展水平、产业结构、人口因素、所有制结构、财政分权制度、央地政府财政支出结构等等都会影响我国地方政府对教育财政支出的支出力行为（王蓉和杨建芳，2008）。诚然，分税制改革以后，地方政府义务教育财政支出的均等化就是通过上级转移支付来实现的（姚继军和张新平，2014）。

综上，首先，地方性的基础设施项目类的公共品经常挤出居民最为关心最密切的教育、医疗等公共品。生产性公共品容易产生寻租，地方政府相对于教育、医疗等消费性公共品的财政支出而言，财政支出更偏好生产性的公共品供给。其次，经济发展水平、人口因素、产业结构、财政分权制度和转移支付等都影响教育方面的财政支出。但迄今为止，对于我国公共教育财政支出占财政支出的比重受哪些因素的影响的研究还尚未细致化、深入化研究。本书主要是从一个地方对房地产依赖程度的角度入手，来探讨该地方的相关方面的收入会倾向于投入到哪个方面的公共品供给，本书把公共品依据经济属性分为经济性公共品和非经济性公共品，上一章研究得到的结论就是：宏观方面来看，一个地方越是依赖于房地产，这个地方政府财政支出偏好越是倾向于经济性公共品供给，对非经济性公共品供给产生挤出效应，这一结论是针对公共品供给的规模而言的。现在本书准备针对非经济性公共品供给的主要结构也就是政府和居民最关心的教育和医疗公共品进行更深层次的研究。

针对上述分析，提出本书的研究假设：

一个地方越依赖于房地产类税收，该地方的政府财政支出对非经济性公共品供给产生挤出效应，具体从非经济性公共品供给的结构来看，对教育方面的财政支出也会产生挤出效应。

教育这类公共品更具有外溢性和正的外部性，相邻地区或者地区之间容易相互取得福利，尤其是大学毕业之后的人才流动让多年的教育投入得不到回报，教育带来的社会福利在省际地区之间重新洗牌。另外，教育需要长期投入，短时间内不容易见到成效，这样政府迫于政绩考核的压力，也不会在短时间内更多地投入到教育方面，致使地方政府在教育支出方面存在严重的缺位。

三、实证模型

(一) 变量选择与数据处理

本书中我国财政教育支出绝对数据采用了 2007~2013 年的全国 30 个省、自治区和直辖市层面（西藏除外）的数据，相关数据来自《中国财政年鉴》(2007~2013)；控制变量中的：人口密度、经济发展水平、产业结构、转移支付等数据来源于《中国人口和就业统计年鉴》《中国城市统计年鉴》；净转移支付数据为中央转移支付扣除地方上解支出，其中 5 个计划单列市分别考虑在其隶属省之内，中央转移支付和地方上解支出数据来源于《中国财政统计年鉴》。其中地区财政支出、教育支出、均采用 CPI（2007 = 100）进行调整。为了部分消除非平稳时间序列的异方差性，降低回归结果的偏误，减少各变量的异质性，本书对所有变量取了自然对数值，也能更直观地反映解释变量的弹性。

(二) 模型设定

根据本书所用数据的特点并借鉴现有文献（乔宝云等，2006；王蓉和杨建芳，2008；李涛和周业安，2009；林江等，2011），我们采用的模型分析如下，其中选取的影响地方政府教育支出的地区特征主要包括人口密度、经济发展水平、产业结构、转移支付等。

$$\text{edubz}_{i,t} = \beta_0 + \beta_1 \text{taxbz}_{i,t} + \beta_2 \ln\text{pgdp}_{i,t} + \beta_3 \ln\text{lnpertran}_{i,t} + \beta_4 \ln\text{urb}_{i,t} + \beta_5 \ln\text{density}_{i,t} + \beta_6 \ln\text{fi}_{i,t} + \beta_7 D + \varepsilon_{i,t} \quad (5.2)$$

上式中，下标 i 和 t 分别标识省份维度和时间维度；edubz 用来衡量教育支出占地方财政支出的比重，taxbz 代表房地产类税收的占地方税收的比重。控制变量集包括转移支付、产业结构、城镇化率、城市人口密度和人均 GDP；D 为虚拟变量，包括地区效应和时间效应，用来控制相关年度的系统性经济冲击和政策变化的影响；ε 为随机扰动项，用于表示除上述变量之外的其他因素的影响。为了控制其可能的异方差和共线性问题，这里除了因变量和虚拟变量之外的所有回归元，均采用对数进行处理。

(三) 变量指标的设置

针对本节的研究焦点，设置的被解释变量、解释变量和控制变量阐述

如下:

(1) 被解释变量

本节主要是研究房地产类税收的比重对地方非经济性公共品的教育支出的比重的效应。所以采取教育支出的比重 edubz(教育支出/地方财政支出)指标来衡量地方财政支出中有多少财政会用于教育公共品供给。

(2) 核心解释变量

房地产类税收的比重,也就是显示了该地区对房地产行业的依赖度,或者说是房地产类税收对地方财税的贡献度。本书核心解释变量为房地产类税收(土地增值税、耕地占用税、城镇土地使用税、契税和房产税)占地方税的比重。

(3) 控制变量

控制变量集包括人均转移支付、人均土地出让金、产业结构、城镇化率、城市人口密度和人均 GDP,这些控制变量与第一节的控制变量和衡量指标均一致,这里不再赘述。

(四) 回归变量统计描述

表 5.9 为回归变量的统计描述,从表中标准差来看,除了人均 GDP、人均转移支付和人均土地出让金之外,余下变量的标准差并不是很大,地区之间经济发展水平存在较大的差异,人均转移支付也有所侧重,人均土地出让金这个变量比较特殊,因为地理位置和经济发展不同的地区,土地出让金差别较大,所以在各个地区之间土地出让金差异性较大。这个统计描述表分别涵盖了教育支出的比重、医疗支出的比重和交通支出的比重,主要变量的统计描述图下表所示:

表5.9 主要变量的描述统计

变量	定义	平均值	标准差	最小值	最大值
edubz	教育财政支出占总财政支出的比重	0.185	0.064	0.053	0.397
taxbz	房地产类税收占地方税的比重	0.18	0.06	0.05	0.40
perland	人均土地出让金	923.6	1315	1.26	7704
pertran	人均转移支付	1682	1748	167.8	14 648

续表

变量	定义	平均值	标准差	最小值	最大值
density	城市人口密度	1996	1383	25	6307
pgdp	人均 GDP	21 012	17 139	2545	93 173
urb	城市化率	45.23	15.81	18.04	89.3
fi	第二、三产业比重	86.19	7.105	62.09	99.4

注：其中描述统计变量观察值均为 210。

四、实证结果与分析

本书采用基准回归参照的普通最小二乘法（OLS），用来捕捉地区间不可观测个体异质性的固定效应（FE）模型或随机效应（RE）模型，针对房地产类税收对教育公共品供给的效应做出以下回归表格：

表 5.10　房地产类税收对教育类公共品供给的影响

	模型 1	模型 2	模型 3	模型 4	模型 5	模型 6	模型 7
taxbz	-0.238** (0.088)	-0.220** (0.086)	-0.221** (0.100)	-0.215** (0.100)	-0.292*** (0.085)	-0.275*** (0.091)	-0.279*** (0.097)
lnpertran		0.017*** (0.005)	0.017*** (0.006)	0.017*** (0.006)	0.015*** (0.005)	0.016** (0.006)	0.016** (0.007)
lnurb			0.016*** (0.003)	0.023*** (0.005)	0.022** (0.011)	0.020** (0.009)	0.020** (0.009)
lnfi				0.172*** (0.059)	0.176*** (0.056)	0.174*** (0.054)	0.174*** (0.054)
lnpgdp					0.038** (0.016)	0.037*** (0.014)	0.040*** (0.014)
lndensity						0.007 (0.006)	0.007 (0.006)

续表

	模型1	模型2	模型3	模型4	模型5	模型6	模型7
lnperland							0.009** (0.004)
_cons	0.199*** (0.009)	0.245*** (0.037)	0.243*** (0.056)	0.148 (0.242)	-0.138 (0.155)	-0.078 (0.124)	-0.066 (0.080)
yr_dum	Yes	Yes	Yes	Yes	Yes	Yes	Yes
area_dum	Yes	Yes	Yes	Yes	Yes	Yes	Yes
N	210	210	210	210	210	210	210
r2	0.418	0.423	0.423	0.423	0.513	0.515	0.515

注：Standard errors in parentheses $* p<0.1, ** p<0.05, *** p<0.01$。

先对核心解释变量和被解释变量进行说明：教育支出和财政支出、房地产类税收和地方税这四个绝对量都是逐年递增的，所以若是教育支出占财政支出的比重越大，就意味着伴随着财政支出的增加，财政支出越倾向于投入到教育公共品方面。房地产类税收占地方税的比重越大，也蕴含了房地产类税收对地方税的贡献越大，也表明该地区越依赖房地产行业。

下面我们再分析这两者之间的相对量的影响。从上述的回归结果，我们得到：首先，一个地方越是依赖于房地产，该地区的财政支出就越是挤出教育支出，也就是房地产类税收的比重对教育支出的比重存在显著的负相关。其次，转移支付正向促进教育方面财政支出的增加，也就是说转移支付可以缩小各个地区之间的公共品供给的差距，所以对教育支出也显示出了正向的促进作用。控制变量中地区经济发展水平在1%的显著水平上促进了教育支出的比重的增加，也就是说经济发展水平正向推动了教育财政支出比重的增加。一般而言，地区经济发展程度越高，教育投入可能越多。产业结构方面，第二、三产业的比重越大，对知识的需求越多，政府财政就会加大教育支出。城市化率越高，城市居民的教育化水平相对越高，促进地方政府加大教育方面的财政投入。城市人口密度对教育支出占总财政支出的比重影响不显著。

另外，考虑"总部经济"的异常值影响，我国区域之间经济发展不平衡，该回归结果经过剔除北京、上海、广东三地的样本数据进行回归,回归结果与上表 5.10 回归结果是一致的,不会因其发生变化,这样更深入印证了上述两者关联作用的稳健性。

五、研究结论

本节的研究目的主要是基于我国 30 个省、自治区、直辖市 2007~2013 年的面板数据,探究我国一个地区对房地产的依赖度对该地区的财政教育支出的影响效应。教育公共品供给水平在本书中是用财政支出中教育支出的比重来度量的,一个地区对房地产的依赖度的指标是用房地产类税收占地方税的比重来度量的。首先,教育财政支出的现状是:全国范围内各省市自治区的教育支出投入不足,公共预算支出内教育支出的相对规模仍然偏小,教育支出占地方财政支出的比重地区之间存在显著差异,但总体上都呈现出下降的趋势,从人均教育经费方面来看,我国东中西部差异较大。东部地区经济比较发达,教育资源丰厚,并且东中西部地区之间的教育财政投入存在一定差距。其次,实证论证中控制了一些重要变量,如经济发展(人均国内生产总值)、人均转移支付、人均土地出让金、产业结构(第二、三产业的比重)、城市化率、城市人口密度等因素,得到的结论是:房地产类税收的比重越高,政府越是依赖房地产,政府官员很大可能与房地产商形成特殊利益集团,同时迫于政绩考核的压力,相应地减少对教育方面的财政投入,也就是对财政支出中的教育支出产生挤出效应;转移支付、地区经济发展水平、产业结构和城市化率对财政支出中的教育支出存在正向的激励作用。最后,本节研究涉及的政策含义是涉及国家"教育财政性支出占国内生产总值 4%的目标"不能简单分解到各个地区,应该因地制宜,区别对待。另外,政绩考核的标准建议与民生公共品的供给紧密联系起来,纠正地方政府过多地提供经济性公共品的扭曲,忽视了从长远利益来看对经济增长质量和可持续发展有重要影响的民生公共品供给。

第四节 房地产类税收对医疗卫生类非经济性公共品供给的效应研究

一、我国医疗卫生类公共品供给的现状

(一) 我国医疗卫生服务的本身特点

公共卫生服务和基本医疗服务是医疗卫生服务的两个主要方面,公共卫生服务有以下特点:①效用的不可分割性,公共卫生服务是为所有社会成员所共享的,分割后不能实现其价值,也不能给个人带来福利;②消费的非竞争性,所有的社会成员无差别的共同享用,不存在区域差别,所有生病患者都可以使用;③受益的非排他性,外溢性较大。任何一个付款的消费者都会享受到公共卫生服务。而私人产品若是消费者付款后,就隶属于私人,他人就不能无理由地享用。并且若是一个地区的医疗基础设施完善和医生医术精湛,很多外地医患者都会到该地求医。④非营利性目的。医疗卫生服务更多的是确保居民身体健康的,为广大居民提供福利,现实中存在搭便车的现象。

(二) 我国医疗公共品供给的现状

一直以来,我国政府在教育、医疗和社保等方面财政投入相对经济性公共品供给方面较少,表现为居民最为关心和最密切相关的基本公共品供给方面存在严重短缺。我国医疗卫生方面的财政支出规模和支出水平都偏低,但政府财政对医疗卫生支出的比重逐年上升,让我们看到了政府对医疗卫生公共品的重视和投入。具体分析如下:

表 5.11 2007~2013 年卫生总费用规模、结构及其比重表

年份	卫生总费用 (亿元)				卫生总费用构成 (%)			政府医疗卫生支出占一般预算支出的比重 (%)	政府医疗卫生支出占GDP (%)	卫生总费用占GDP (%)
	合计	政府卫生支出	社会卫生支出	个人卫生支出	政府卫生支出	社会卫生支出	个人卫生支出			
2007	11 573.97	2581.58	3893.72	5098.66	22.30	33.60	44.10	5.10	0.97	4.29

续表

年份	卫生总费用（亿元）				卫生总费用构成（%）			政府医疗卫生支出占一般预算支出的比重（%）	政府医疗卫生支出占GDP（%）	卫生总费用占GDP（%）
	合计	政府卫生支出	社会卫生支出	个人卫生支出	政府卫生支出	社会卫生支出	个人卫生支出			
2008	14 535.40	3593.94	5065.60	5875.86	24.70	34.90	40.40	5.50	1.14	4.55
2009	17 541.92	4816.26	6154.49	6571.16	27.50	35.10	37.50	6.44	1.41	5.03
2010	19 980.39	5732.49	7196.61	7051.29	28.70	36.00	35.30	6.40	1.43	4.85
2011	24 345.91	7464.18	8416.45	8465.28	30.70	34.60	34.80	6.86	1.58	4.99
2012	28 119.00	8431.98	10 030.70	9656.32	30.00	35.70	34.30	6.69	1.62	5.22
2013	31 068.95	9545.81	11 393.79	10 729.34	30.10	36.00	33.90	6.85	1.68	5.34

数据来源：《中国卫生和计划生育统计年鉴》（2008~2014）。

第一，我国政府持续加大对医疗卫生方面的财政支出，政府在医疗卫生领域财政投入逐年递增。《中国卫生和计划生育统计年鉴》（2008~2014）相关研究数据表明：我国政府在医疗卫生财政投入的绝对量从2007年的2581.58亿元飙升到2013年的9545.81亿元。但政府医疗卫生支出占GDP比重在2008~2014年增长缓慢，从2007年的0.97%攀升到2013年的1.68%，2007~2013年仅上升了0.71%[1]，并且卫生总费用占GDP的比重也从2007年的4.29%平稳上升至2013年的5.34%。综上可以得到，政府在财政支出绝对量方面一直加大对医疗卫生方面的财政投入，并且在2008年投入增幅最快为39.21%，2012年以后趋于平缓。其中，2003年的非典疫情暴露中国公共卫生工作中的脆弱体制和缺失机制的问题，自此，政府加大提高医疗卫生方面的财政支出占总财政支出的比重，从下面的数据也能发现上述结论：2006年以前这个比重一般在5.00%左右，2007~2013年这一比重从5.10%火速上

[1] 卫生总费用占GDP的比重，衡量的是一个社会在医疗卫生上的总投入，一般来说，投入越高，民众得到的医疗卫生服务当然更多，健康状况当然更好。

涨至6.85%，增幅较大。

综上分析发现：一方面，医疗制度的改革加大了政府对医疗卫生的支出责任。2006年6月新一轮医疗制度的改革促使政府担负起更多的医疗卫生支出责任，驱使个人在医疗卫生方面的财政支出增速减缓。所以2006年是医疗卫生制度改革的分界点。因为这个时期我国医疗卫生改革历程中迈出了关键的一步："市场化非医改方向"发生在2005年。2006年医改再现曙光，医改基调已定，政府将承担基本医疗。也就是说在2006年以前居民个人承担了较多的医疗卫生支出责任，2006年以后，覆盖城乡居民的基本医疗卫生保障制度承担了城乡居民的大部分医疗费用，加强了政府相关医疗卫生的支出责任。2007~2009年医改进入冲刺：2007年陈竺表示，到2010年初步搭建好全国基本医疗卫生制度框架，到2020年基本医疗卫生制度覆盖全国城乡居民。2008年10月14日，政府公布了《国家发展和改革委员会关于深化医药卫生体制改革的意见（征求意见稿）》，并广泛公开征求公民意见。2009年1月21日，国务院通过医改方案。2009年《2009~2011年深化医药卫生体制改革实施方案》和《中共中央、国务院关于深化医药卫生体制改革的意见》的审核通过标志着新一轮的医改方案公布实施。另外一方面，政府在医疗卫生方面的支出责任在上升，居民个人在此方面的支出责任却在下降，政府在医疗卫生支出方面的增长速度不但比社会和个人的医疗卫生支出增长速度快，而且政府医疗卫生支出在卫生总费用中的比例不断上升，而个人医疗卫生支出在卫生总费用的比重自2003年起一直下降。

第二，我国的政府医疗卫生支出水平依然偏低，医疗卫生公共服务供给总量不足，地区差异显著，卫生总费用偏低。从我国的医疗卫生支出来看，政府在医疗卫生支出方面的水平仍旧偏低，政府医疗卫生支出占财政总支出和GDP的比重持续较低，个人支出在医疗支出中的比例偏高，这一问题使得我国医疗卫生体系常常遭到责问。其主要表现为政府医疗卫生支出占财政总支出和GDP的比重依然偏低，政府医疗卫生支出占财政总支出的比重最高的是2011年达到了6.86%，至2013年仍然未达到7.00%，这一比例在2013年高于世界低收入国家的平均水平的5.28%，但低于世界平均水平的10.06%。另外，我国地区之间的医疗卫生支出差异显著，2013年西部11个省市（剔除西藏）仅占29.43%，湖北等8个中部省市占28.85%，北京等11个东部省市的财政支出占全国医疗卫生总支出的比重高达41.72%。

各省市医疗卫生支出占财政支出比重的时间变化趋势图如下:

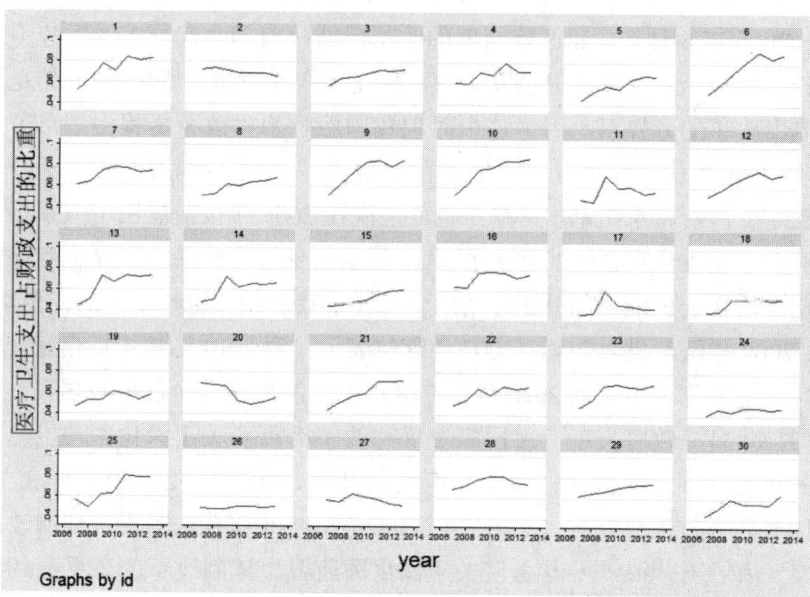

1. 安徽;2. 北京;3. 福建;4. 甘肃;5. 广东;6. 广西;7. 贵州;8 海南;9 河北;10. 河南;11. 黑龙江;12. 湖北;13. 湖南;14. 吉林;15 江苏;16. 江西;17. 辽宁;18 内蒙古;19. 宁夏;20. 青海;21. 山东;22. 山西;23. 陕西;24. 上海;25. 四川;26. 天津;27. 新疆;28. 云南;29. 浙江;30. 重庆。

图5.4 各省市医疗卫生支出占财政支出比重的时间变化趋势图(2007~2013)

从30个省市的医疗卫生支出占财政支出的比重趋势图来看,全国范围内各省市自治区的教育支出占地方财政支出的比重存在显著差异,但总体上都呈现出持续上升的趋势。在2007~2013年间,广西壮族自治区的医疗卫生支出占地方财政支出的比重上升趋势最明显,其比重从2007年的5.15%飙升到2013年的8.90%,2013年四个直辖市(北京、上海、重庆和天津)的医疗卫生支出金额分别为:北京276.13亿元、上海214.92亿元、重庆198.05亿元、天津128.94亿元;而医疗卫生支出占一般预算支出的比重排序为:北京6.62%、重庆6.47%、天津5.06%、上海4.75%,这一比重在全国范围内处于较低水平,可能是因为四个直辖市的经济发展领先其他省市,稀释了该比重。从全国范围来看，该比重呈现出稳步攀升的趋势。

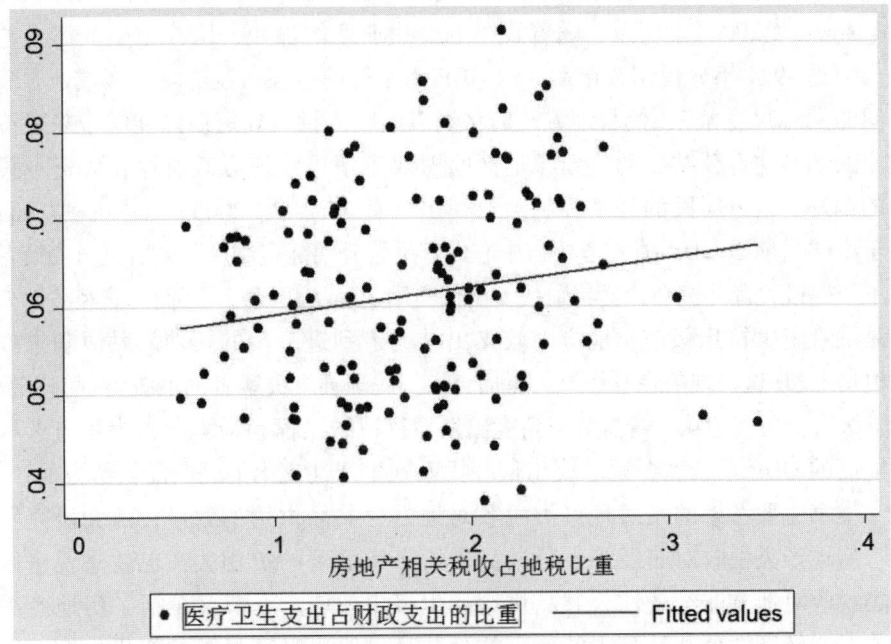

图5.5 房地产相关税占地税的比重与医疗卫生支出占财政支出的比重的关系

从图5.5中可以发现，2007~2013年间，一个地区越是依赖房地产类税收，该地区的教育支出占财政支出的比重越是呈现出上升的趋势，两者的关系是正相关的。下面将针对该问题展开具体分析。

二、研究思路和研究假设

（一）研究思路

随着经济的发展，卫生投资作为人力资本投资的重要性已经被居民充分认识，卫生投资具有较强的溢出效应。良好的医疗卫生设施和资金投入提高了居民的身体素质，确保居民身体健康。"身体是革命的本钱"，健康的体魄为更好地工作和生活提供了坚强的后盾。另外，我国已经步入老龄化社会，根据国际通行标准：60岁以上人口占总人口的比例达到10.00%标志这个国家进入老龄化状态，我国2014年这个比例达到14.90%[1]。研究表明，65岁以上老年人口的人均卫生费用是65岁以下人口的2.70~4.80倍（Anderson and Hussey，2000）。所以，随着我国老龄化速度的加快，医疗卫生的需求趋多。但是1994年分税制改革后，以GDP为标杆的考核机制加剧了区域地方政府间的"标尺竞争"，使得地方政府将更多的收入投入到短期内能够带来经济效应的如基建等公共品的供给，地区间财政竞争导致地方政府存在对资本投资的偏好，地方居民的经济福利被忽视了（乔宝云等，2005）。另外一方面，由于中国目前以GDP绩效考核为中心的官员晋升锦标赛制度，政府官员决策者为了获得最大晋升机会，会将财政支出偏向用于经济建设[2]。而对非经济性公共品供给产生挤出效应，地方财政支出结构遭到进一步的扭曲。尹恒和朱虹（2011）发现这一现象在县级地区更加突出。我国县级决策者的上级负责制度致使县级官员更多地从自身晋升的角度出发，忽视居民福利最大化，为了追求尽可能高的GDP增长率，财政支出偏好投入到生产性支出的公共品供给方面。

本书主要考虑的是房地产类税收对地方公共品供给的效应，前文研究发现：房地产类税收对非经济性公共品供给产生显著的负相关，也就是说房地产类税收对地方非经济性公共品供给产生挤出效应。上节又分析了房地产类税收对非经济性公共品其中的教育类公共品供给也是有显著的挤出效应。这节的思路就是想探究房地产类税收对非经济性公共品中的医疗类公共品供给的效应如何。

（二）研究假设

现阶段政府在医疗卫生支出方面的增长速度不但比社会和个人的医疗卫生支出增长速度快，而且政府在医疗卫生支出占卫生总支出中的比例持续上升，探其原因可能有以下三个方面：

---

〔1〕 "我国60岁以上老人超2亿 占总人口的比例达14.9%"，载中新网，http://finance.chinanews.com/life/2014/02-20/5860504.shtml，最后访问时间：2014年2月20日。

〔2〕 对于那些经济禀赋相对较好的地区，地方政府决策者会提高生产性财政支出在财政支出结构中的比例，最大可能在任期内提高本地区的GDP，获得最大可能晋升机会。参见Qian Y., Roland G., "Federalism the Soft Budget Constraint", *American Economic Review*, 88, pp.1143~1162. 对于那些经济资源禀赋相对稀缺的地区，可能刺激地方政府决策者提高在职消费在财政支出结构中的比例。参见楼国强："竞争何时能有效约束政府？"，载《经济研究》2010年12期。决策者主要对上级负责，追求尽可能高的经济增长率，而非居民福利最大化，导致其财政决策偏向生产性的支出。参见尹恒、朱虹："县级财政生产性支出偏向研究"，载《中国社会科学》2011年第1期。

第五章　房地产类税收对非经济性公共品供给的效应研究 ❖

　　首先，2003年SARS疫情的侵袭带来政府对医疗卫生方面的深刻关注。医疗和公共卫生水平直接影响人民的生活质量，尤其是2003年的SARS疫情侵袭中国，无论是身体疾病的折磨还是内心精神上的恐慌，都给中国居民在医疗卫生方面带来全新的认识：生命至上，生命无价。SARS对各级政府中央政府和地方政府，都是一个严重的警告和深刻的教训：公共卫生也有利于GDP的增长，如果不爆发这种危机性的传染病，会使GDP持续稳定地增长。自2003年起，农村新农合试点和基本医疗卫生服务体系等方面得到逐步建设完善，医疗卫生方面的财政投入力度大大增加。卫生总费用占GDP的比重持续上涨，该比重从2003年的4.82%攀升至2013年的5.60%，印度和巴西等金砖国家中该比重分别达到了8.90%和9.00%。[1]从全球国际趋势看，一个国家的经济发展水平助推该比重，所以，中国卫生费用占GDP的比重的增长空间较大。

　　其次，人口老龄化增加了对卫生和医疗的需求。我国的现状是老龄化步伐较快，并且老龄化程度较深，相应地对医疗卫生的需求趋多。第一，世界人口中，我国人口最多，到2013年为止全国人口总数超过13亿，我国老年人口基数比较庞大；第二，我国老年人口规模逐年上涨，到2013年为止我国65岁及以上老年人口达到13161万人，我国进入深度老龄化阶段，65岁及以上老年人口占总人口的比重为9.70%[2]。《2013年中国人类发展报告》的预测显示："到2030年，我国65岁及以上的老年人口占全国总人口的比重将提高到18.20%左右"。庞大的老年人口数量给我国经济、社会带来巨大的压力，挑战我国医疗卫生系统；第三，我国人口老龄化速度快，人口老龄化呈现出高龄化趋势。我国人口老龄化的平均增长率超过同期人口平均增长速度的两倍多，1982~2000年，是我国人口年龄结构的一个转型时期，从成人型人口过渡到老年型人口，我国只花了不到二十年的时间。从世界各国的人口老龄化历程来看，转变可以说是相当迅速的，世界上人口老龄化速度最快的国家是中国。我国高龄老人年平均增长速度快于65岁以上老年人口的增长速度，并且我国高龄老人年平均增长速度快于世界平均水平和发达国家平均水平。

---

[1] 陈竺："中国的卫生费用占GDP比重仅5.1%占比太低"，载http://money.163.com/12/0912/14/8B77I2RI00254S8R.html，最后访问时间：2012年9月12日。

[2] 数据来源：《中国统计年鉴（2014）》。

我国人口老龄化高龄化趋势明显，越来越高比例的老年人口数量的增加，意味着医疗和社会养老保险的水平也会随之越来越高。第四，我国是在经济发展水平不高的情况下进入了人口老龄化状态，并且经济发展的速度滞后于老龄化的增速，可以称为是"未富先老"。发达国家进入人口老龄化时经济发展水平已经比较高，具有较强的经济实力，各方面的社会保障制度比较完善，人口老龄化的速度也比较缓慢，所经历的时间长达几十年甚至上百年，从而为人口老龄化做好了准备。

最后，经济发展水平的提高助推了政府对医疗卫生事业的关注和重视，相应地，政府对医疗卫生的财政支出也日益增加。近年来，医疗和公共卫生水平直接影响人民的身体健康、生活质量和家庭幸福。但经济发展水平也会影响地方政府对医疗卫生的财政支出，并且我国财政卫生支出资源的差异主要是由于地区内的差异引起的，东部地区相对于中西部地区的经济差异又是引起地区内差异的主要原因（黄小平和方齐云，2008），并且我国医疗保障水平和健康指标同地方经济水平密切相关（俞卫，2009）。可见，经济发展水平的提高促进了政府对医疗卫生的财政投入。

综上可以发现：2003年SARS疫情的侵袭迫使政府加大对医疗卫生方面的财政投入，人口老龄化的加剧和经济发展水平的提高都促进政府对医疗卫生方面的财政支出，并且政府在医疗卫生方面的支出占总费用的比重从2003年开始持续上升，而个人支出在医疗卫生总费用的支出比重逐年下降，政府在医疗卫生支出方面的增长速度比社会和个人的医疗卫生支出增长速度快。总之，政府愈加重视医疗卫生方面的公共品供给，政府在医疗卫生公共品供给方面的财政支出也逐年加大。

基于上述的详实分析，提出以下本书的研究假设：

一个地方越依赖于房地产类税收，该地方的政府财政支出越对非经济性公共品供给产生挤出效应，但是针对非经济性公共品的医疗卫生公共品而言，因为医疗卫生类公共品更能体现尊重生命至上、生命珍贵，政府对此具有显性化的责任。外加2003年SARS疫情的袭击、经济发展水平的提高和人口老龄化的加剧，政府更倾向于把更多的财政收入投入到医疗卫生类公共品供给方面，房地产类税收也是地方税的不可忽视的重要组成部分，对地方公共品供给也有重大的贡献，这样房地产类税收对地方医疗卫生类公共品供给有显著的正向促进作用。

2003年SARS疫情的侵袭带来政府和居民对医疗卫生方面的更多的投入，人口老龄化增加了对医疗卫生方面的诉求，经济发展水平的提高加大政府对医疗卫生方面的财政支出力度。医疗卫生事业与教育事业存在较大差异，医疗卫生事业虽然是公共品，但在区域之间的限制不是很严格，相对于教育事业，具有更强的外溢性。现实中若一个地区的医疗设备先进或者医术精湛，来自全国各地的医病患者都会集聚到这个地区看病，而教育尤其是中小学教育，限制在一定的区域范围内，省际之间和地区之间的跨越学习很受户籍、住房等条件的限制。另外，医疗卫生事业更尊重生命至上、生命可贵。尤其是SARS疫情的袭击促使我国政府和居民更加关注医疗卫生事业，伴随着经济发展和人口老龄化的增加，政府加大了对医疗卫生的财政扶持力度，居民在医疗卫生的方面也增加了开支，并且政府在医疗卫生方面的财政支出占医疗卫生总费用的比重逐年增加，而个人在卫生总费用的比重持续下降。地方政府针对房地产类税收收入本着生命至上、健康第一的原则，伴随着社会经济日益迅猛的发展，人口老龄化的加剧，居民对养生和健康关注的增加，地方政府更多地倾向于医疗卫生等方面的支出，对医疗卫生有正向的激励作用。

三、实证模型

（一）变量选择与数据处理

本书中我国财政医疗卫生支出绝对数据采用了2007~2013年的全国30个省、自治区和直辖市层面（西藏除外）的数据，相关数据来自《中国财政年鉴》（2008~2014）和《中国卫生统计年鉴》（2008~2014）；控制变量中的：人口密度、经济发展水平、产业结构、转移支付等数据来源于《中国人口和就业统计年鉴》《中国城市统计年鉴》，其中一个关键的控制变量数据是人口老龄化程度，这个数据来源于《中国统计年鉴》（2008~2014）；净转移支付数据为中央转移支付去除地方上解支出，其中五个计划单列市分别考虑在其隶属省之内，中央转移支付和地方上解支出数据来源于《中国财政统计年鉴》。地区财政支出、医疗卫生支出均采用CPI（2007=100）进行调整。为了部分消除非平稳时间序列的异方差性，降低回归结果的偏误，减少各变量的异质性，本书对一些变量取了自然对数值，也能更直观地反映解释变量的弹性。

(二) 模型设定

根据本书所用数据的特点并借鉴现有文献（李涛和周业安，2009；丁菊红，2010；林江等，2011；李勇刚等，2013；程琳和廖宇岑，2015），我们采用的模型分析如下，其中选取的影响地方政府医疗卫生支出的地区特征主要包括人口密度、经济发展水平、产业结构、转移支付等。

$$\text{medbz}_{i,t} = \beta_0 + \beta_1 \text{taxbz}_{i,t} + \beta_2 \ln\text{pgdp}_{i,t} + \beta_3 \ln\text{pertran}_{i,t} + \beta_4 \ln\text{perland}_{i,t} \\ + \beta_5 \ln\text{density}_{i,t} + \beta_6 \ln\text{fi}_{i,t} + \beta_7 \ln\text{urb}_{i,t} + \beta_8 \text{older} + \beta_9 D + \varepsilon_{i,t} \tag{5.3}$$

上式中，下标 t 和 i 分别标识时间维度和省份维度；medbz 用来衡量医疗卫生支出占地方财政支出的比重，taxbz 代表房地产类税收的占地方税收的比重。控制变量集包括转移支付、老龄化程度、城镇化率、城市人口密度和人均 GDP；D 为虚拟变量，包括地区效应和时间效应，用来控制相关年度的系统性经济冲击和政策变化的影响；ε 为随机扰动项，用于表示除上述变量之外的不可观测的其他非显著性因素，为了控制其可能的共线性和异方差问题，这里除了因变量和虚拟变量之外的所有回归元，变量均采用对数进行处理。

(三) 变量指标的设置

针对本节的研究焦点，模型设置的解释变量、控制变量和被解释变量具体阐述如下：

1. 被解释变量

本节主要是研究房地产类税收的比重对地方非经济性公共品的医疗卫生支出的比重的效应。所以采取医疗卫生支出的比重 medbz（医疗卫生支出/地方财政支出）指标来衡量地方财政支出中有多少会用于提供医疗卫生公共品供给。

2. 核心解释变量

房地产类税收的比重，显示了该地区对房地产行业的依赖度，也可以理解为房地产类税收对地方财税的贡献度。本书核心解释变量为房地产类税收（土地增值税、耕地占用税、城镇土地使用税、契税和房产税）占地方税的比重。

3. 控制变量

控制变量集包括转移支付、产业结构、城镇化率和城市人口密度、人均GDP、人口老龄化程度等，其中人口老龄化程度用65岁以上人口占比来衡量（程琳和廖宇岑，2015），这些控制变量与上一章的控制变量相应的变量和衡量指标都是一样的，这里不再赘述。

（四）回归变量统计描述

表5.12 主要变量的描述统计

变量	定义	平均值	标准差	最小值	最大值
medbz	医疗卫生财政支出占总财政支出的比重	0.0629	0.0118	0.0377	0.0915
taxbz	房地产类税收占地方税的比重	0.18	0.06	0.05	0.40
older	人口老龄化程度（65岁老人占总人口比重）	11.6971	2.7796	5.1900	19.8600
perland	人均土地出让金	923.6	1315	1.26	7704
pertran	人均转移支付	1682	1748	167.8	14 648
density	城市人口密度	1996	1383	25	6307
pgdp	人均GDP	21 012	17 139	2545	93 173
urb	城市化率	45.23	15.81	18.04	89.3
fi	第二、三产业比重	86.19	7.105	62.09	99.4

注：其中描述统计变量观察值均为210。

表5.12为回归变量的统计描述，从表中标准差来看，除了人均土地出让金、人均GDP和老龄化程度，余下变量的标准差并不是很大，人均土地出让金这个变量比较特殊，地理位置和经济发展不同等因素都会致使地区之间的土地出让金差别较大，所以在各个地区之间土地出让金差异性较大。人均GDP东中西部地区差异较大，各个省市之间也有差异。人口老龄化程度这个指标在各个省市之间差别也较大。2013年，重庆老龄化程度是全国最高的，其次是四川[1]。这可能与重庆和四川这两个城市都是气候较为适宜老人居

---

[1] 根据《中国统计年鉴（2014）》计算得到。

住、生活成本相对东部地区较低,生活比较悠闲,总体比较适合养老有关。

四、实证结果与分析

本书采用基准回归参照的普通最小二乘法(OLS),用来捕捉地区间不可观测个体异质性的固定效应(FE)模型或随机效应(RE)模型,针对房地产类税收对医疗卫生类公共品供给的效应做出以下回归表格:

表5.13 房地产类税收对医疗卫生类公共品供给的影响

	模型1	模型2	模型3	模型4	模型5	模型6	模型7
taxbz	0.173*** (0.047)	0.142*** (0.048)	0.158*** (0.057)	0.145*** (0.037)	0.164*** (0.037)	0.171*** (0.048)	0.172*** (0.047)
lnpertran		0.302** (0.136)	0.182*** (0.063)	0.162*** (0.057)	0.158*** (0.057)	0.159*** (0.057)	0.142*** (0.048)
lnpgdp			0.988*** (0.168)	0.976*** (0.164)	0.986*** (0.159)	0.980*** (0.161)	0.886*** (0.123)
lnurb				0.344*** (0.085)	0.326*** (0.080)	0.322*** (0.081)	0.322*** (0.081)
lndensity					0.074* (0.039)	0.083* (0.042)	0.082* (0.042)
lnfi						0.063 (0.135)	0.293 (0.191)
Older							0.051** (0.019)
lnperland							0.008 (0.026)
_cons	0.827*** (0.086)	-1.325 (1.030)	-1.073*** (0.291)	-1.375*** (0.492)	-1.873*** (0.721)	-1.103*** (0.594)	-1.058*** (0.458)
yr_dum	Yes	Yes	Yes	Yes	Yes	Yes	Yes

续表

	模型1	模型2	模型3	模型4	模型5	模型6	模型7
area_dum	Yes	Yes	Yes	Yes	Yes	Yes	Yes
N	210	210	210	210	210	210	210
r2	0.692	0.736	0.828	0.834	0.835	0.835	0.8411

注：Standard errors in parentheses $^*p<0.1, ^{**}p<0.05, ^{***}p<0.01$。

通过上述回归进一步发现：首先，回归的结论刚好论证了本节提出的假设。房地产类税收比重在1%的置信水平上显著提高医疗卫生支出的比重，也就是一个地方对房地产越依赖，这个地方越是倾向于对医疗卫生的支出。其次，转移支付能够提高政府对医疗卫生的财政支出比重，转移支付提高地区公共品供给的初衷得到印证。较高的经济发展水平和城市化率有助于提高医疗卫生财政支出的比重，本书的回归结果显示同样印证了这一结论。人均GDP在回归结果中均表现出很好的显著性，人均GDP的提高可以有效促进政府医疗卫生支出的比重。人口密度对政府卫生支出效率有较小的正向影响，由于较高的人口密度有利于降低政府支出的管理和监督成本，人口密度越大的地区越具有规模效应，越是有利于提高地方政府的医疗卫生支出的比重。最后，人口老龄化程度在5%的水平上显著提高了政府在医疗卫生方面的财政支出的比重。这个结论与许多研究结论相一致，老年人健康医疗的人均支出是年轻人和中年人的6~8倍（Cichon, 1999），福克斯的研究结果也表明，随着人们年龄的增加，人们消耗的卫生资源也会迅速增加（Fuchs, 1984）。我国的人口老龄化增加了对医疗卫生的需求，给政府医疗卫生财政带来压力，人口的老龄化驱使地方政府加大对医疗卫生方面的财政投入。

另外，该回归结果经过剔除北京、上海、广东三地的总部经济异常值后进行回归，回归结果与上表5.13回归结果是一致的，表明上述两者关联作用更稳健。

五、研究结论

本节的研究目的是探究一个地区对房地产的依赖度对该地区的医疗卫生方面的财政支出的影响，使用30个省、自治区、直辖市（剔除西藏）2007~

2013年的面板数据，对医疗卫生财政支出的比重进行了实证分析。医疗卫生公共品供给水平本书用的指标是财政支出中医疗卫生支出的比重，一个地区对房地产的依赖度的指标是房地产类税收占地方税的比重。

本节的研究发现和结论有以下四点：一是我国医疗卫生公共品的本身特点。医疗卫生公共品具有消费的非竞争性和受益的非排他性，相对于教育等公共品而言，具有更强的外溢性。现实中若一个地区的医疗设备先进或者医术精湛，来自全国各地的医病患者都会集聚到这个地区看病，而教育尤其是中小学教育，限制在一定的区域范围内，省际之间和地区之间的跨越学习很受户籍、住房等条件的限制。二是从财政支出的视角分析我国医疗卫生公共品供给的现状。一方面，我国政府医疗卫生支出的规模不断扩大，政府卫生财政投入逐年递增。2003年SARS疫情暴露中国公共卫生工作中的脆弱体制和与世界医疗卫生总财政支出的差距，中国政府决心提高医疗卫生的财政支出的比重。医疗卫生改革的分界点是2006年，2006年以后我国实施了覆盖城乡居民的基本医疗卫生保障制度，它标志着中国加大对医疗卫生的财政支出力度。另一方面，我国政府在医疗卫生方面的财政支出总规模较小，医疗卫生公共服务供给不能满足居民的需求，地区差异显著。现实生活中"看病难、看病贵"的现象也暴露出我国医疗卫生公共品供给不足的问题。卫生总费用规模偏低，个人相对于政府而言，承担了较大比重的医疗卫生支出费用，这一现象致使很多居民对我国医疗卫生体系产生非议。但从2003年开始，政府在医疗卫生支出方面的增长速度不但比社会和个人的医疗卫生支出增长速度快，而且政府医疗卫生支出在卫生总费用中的比例一直不断上升，而个人医疗卫生支出在卫生总费用的比重呈现一直下降的趋势。三是政府财政支出从2003年开始倾向于医疗卫生支出的因素。首先，2003年SARS疫情的侵袭对中国居民身心健康和经济带来的影响对各级政府，包括中央政府和地方政府，都是一个严重的警告和深刻的教训：公共卫生也有利于GDP的增长，如果不爆发这种危机性的传染病，我们的经济会持续稳定地增长。自2003年起，政府全面启动农村基本医疗卫生服务体系建设以及新农合试点，政府全面加大对医疗卫生的投入力度。其次，人口老龄化对医疗和卫生的需求加大。随着我国老龄化步伐的加快和老龄化程度的不断加深，医疗卫生的需求趋多。我国老年人口基数比较庞大，人口老龄化速度快，人口老龄化呈现出高龄化趋势。老年人口的增长速度快于经济发展速度，可以称为是"未富先老"。社会

第五章　房地产类税收对非经济性公共品供给的效应研究

保障制度尚未完善，这些有关人口老龄化的诸多因素都会促使地方政府加大对医疗卫生的财政支出。最后，伴随着经济发展水平的提高，政府对医疗卫生事业的关注和重视，政府对医疗卫生的财政支出也日益增加。四是实证研究结论。因为医疗卫生类公共品更能体现尊重生命至上、生命珍贵，政府对此具有显性化的责任。外加2003年SARS疫情的袭击、经济发展水平的提高和人口老龄化的加剧，政府更倾向于把更多的财政收入投入到医疗卫生类公共品供给方面。房地产类税收也是地方税的重要组成部分，对地方公共品供给也有重大的贡献，这样房地产类税收对地方医疗卫生类公共品供给有显著的正向促进作用。房地产类税收比重在1%的置信水平上显著提高医疗卫生支出的比重，也就是一个地方对房地产越依赖，这个地方越是倾向于对医疗卫生的支出。另外，转移支付能够提高政府对医疗卫生的财政支出比重，转移支付提高地区公共品供给的初衷得到印证。较高的经济发展水平和城市化率有助于提高医疗卫生财政支出的比重，我们的回归结果同样印证了这一结论。人均GDP在回归结果中均表现出很好的显著性，人均GDP的提高可以有效促进政府医疗卫生支出的比重。人口密度对政府卫生支出效率有微弱的正影响，人口老龄化程度在5%的水平上显著提高了政府医疗卫生支出的比重。

综合上一节的教育公共品供给和这一节的医疗卫生公共品供给来看，虽然房地产类税收在总的非经济性公共品供给方面呈现出挤出效应，但对其中的结构分析来看，还是存在异质性。因为以前研究中的非经济性公共品供给主要探讨的是教育和医疗卫生类公共品供给（丁菊红，2010；林江等，2011；李勇刚等，2013；程琳和廖宇岑，2015），所以本书也主要研究的是非经济性公共品中的教育类和医疗卫生类，这两大类是老百姓最关注的问题，对于依靠读书寻找出路和谋生的家庭来说，父母省吃俭用供养孩子读书，教育是心头大事。医疗卫生类公共品更是与老百姓的身体息息相关，是老百姓的福祉。身体是革命的本钱，没有健康的体魄作保证，工作生活都会遭受严重的影响。随着经济发展水平的提高和人口老龄化的加剧，老百姓越来越关注身体的健康。所以本书的研究对象非经济性公共品供给主要考虑的是教育和医疗卫生类公共品供给[1]。研究发现：房地产类税收对非经济性公共品供给的结构产

---

[1] 对非经济型公共品的科技和文化的实证分析发现结果不显著，所以科技和文化类公共品供给本书暂不考虑。

生不同影响。房地产类税收的比重会对教育类公共品的财政占比存在显著为负的挤出效应,但对医疗卫生类公共品的财政占比存在显著的正向激励作用。对教育类公共品供给而言,房地产类税收的比重提高1个百分点,则在1%的置信水平上降低教育的财政支出比重0.28个百分点;对医疗类公共品供给而言,房地产类税收的比重提高1个百分点,则在1%的置信水平上显著促进医疗卫生的财政支出增加0.17个百分点,总体上来看对非经济性公共品供给仍然存在显著的负向的挤出效应。

  房地产类税收对教育类公共品和医疗卫生类公共品供给的效应之所以有差异,主要原因分析如下:一是从公共财政预算支出结果方面来看,政府在教育类和医疗卫生类两类的财政总支出存在差异。教育支出在绝对量上呈现出持续增长态势,但是教育支出的相对规模仍然偏小。并且全国范围内各省市自治区的教育支出占地方财政支出的比重差异较大,但总体上都呈现出下降的趋势,仅2012年表现出上扬的态势,2013年又呈下降趋势。而医疗卫生方面的情况刚好相反,2003年SARS疫情的侵袭带来政府和居民对医疗卫生方面的更多的投入,人口老龄化对医疗和卫生的需求加大,经济发展水平的提高加大政府对医疗卫生方面的财政支出力度。自2003年起,政府全面启动农村基本医疗卫生服务体系建设以及新农合试点,政府全面加大对医疗卫生的投入力度,并且政府在医疗卫生总费用的支出比重从2003年开始逐年上升,而个人支出在医疗卫生总费用的支出比重逐年下降,政府在医疗卫生支出方面的增长速度比社会和个人的医疗卫生支出增长速度快。二是医疗卫生类公共品本身的特性使然。医疗卫生事业更能体现尊重生命至上、生命可贵,健康第一,"身体是革命的本钱"。医疗卫生类公共品也是居民基本生活的体现,是居民最直接最紧迫的民生类公共品。若是一个国家的居民没有健康的体魄,工作生活都将遭受重大影响,整个经济发展更会遭到重挫。医疗卫生类公共品具有较强的外溢性。若是一个地方的医疗仪器设备先进或者医术精湛,全国各地的医病患者都会聚集到这个地方看病,医疗卫生类公共品不像教育类公共品的供给容易受地域、户籍限制严格。另外,受益的范围也不同,医疗卫生类公共品供给的受益群体是全国居民,而教育的受益群体是部分居民。2003年的SARS疫情给我国的医疗卫生类公共品供给带来重大的转折,政府开始加大对医疗卫生的投入力度。人口老龄化的加剧和经济发展水平的提高也迫使政府增加对医疗卫生类公共品的财政扶持。综合上面两个方面的因素考虑，政府更容易把财政收入投入医疗卫生类的公共品供给，也就是对医疗卫生类公共品有正向的促进作用，而对教育类的公共品供给产生负面的挤出效应，所以现实中的房地产类税收对这两类的公共品供给的效应存在差异性。

第五节 房地产类税收对地方公共品供给现状的深层次原因分析

上述第四章和第五章主要是从公共品的规模和结构实证分析了房地产类税收对地方公共品供给的效应，规模方面主要是从房地产类税收对经济性公共品供给和非经济性公共品供给的效应进行重点研究的。结构方面是从学术界对公共品的公认的最关心最典型的教育、医疗和交通运输三类公共品展开研究的。从房地产类税收对经济性公共品和非经济性公共品的供给效应实证结果来看：一个地方越依赖房地产业，也就是说房地产类税收占地方税的比重越大，该地方政府的财政越是对经济性公共品供给产生正向的激励作用，偏好投入经济性公共品供给，而对非经济性公共品供给产生挤出效应。从房地产类税收对教育、医疗和交通运输类公共品的供给效应分类实证结果来看：一个地方越依赖房地产业，也就是说房地产类税收占地方税的比重越大，该地方政府的财政支出越挤出教育类公共品供给，倾向于医疗卫生类公共品供给，总体还是对非经济性公共品供给产生挤出效应，但积极投入交通运输类经济性公共品供给。地方政府之所以出现这样的财政支出结构偏好，这一现象冰山下的深层次原因分析如下：

一是房地产类税收充实地方财政收入，为提供地方公共品供给筹集资金。这一方面主要是从税源的角度来分析的。房地产业是第三产业的重要支柱，是经济发展的重要引擎，也是地方财政收入的重点税源，房地产类税收对地方财政收入有强劲的支撑作用，已经成为地方税收收入的主力军，也是地方财政收入的重要支柱。如房地产类税收占比地方税收收入从1999年的8.36%，一路攀升到2012年的21.40%，房地产类税收很有可能成为地方主体税种，房地产类税收收入充实地方财政收入，为地方公共品供给筹集资金。

二是房地产类税收提供的公共品受益对象与课税对象相匹配。这一方面主要是从纳税人角度来分析的。房地产类税收是受益税，满足受益原则，房地产类税收应该更好地为课税对象服务，让更多的课税对象享受到地方公共品供给。地方政府通过征收房地产类税收取得税收收入，并把其用于为纳税人提供公共品或公共服务，而目前房地产的课税环节也主要是在交易和开发环节，课税对象绝大多数是房地产商，房地产商在开始投资的时候最为关注的是该地区的交通等基础设施建设方面的情况，地方政府为了更好地为课税对象房地产商提供公共服务，在财政支出方面就倾向于投入到房地产商较为关心的基础设施建设方面的公共品供给，而相对忽视地方居民较为关注的民生类公共品供给。若是房地产类税收进行改革后，主要是针对保有环节进行征收，课税对象主要是广大居民，那么房地产类税收收入就应该更多地为广大居民提供公共品供给，就应该更多地投入到民生类公共品的供给中。

三是经济性和非经济性公共品的本质差异导致其对地方政府政绩激励效用的不同。前者包括交通、能源和通讯等基建方面，后者包括教育文化、医疗卫生、环保设施、社会福利等方面。经济性公共品相比于非经济性公共品外溢性不强、易考核、短期见效快，经济性公共物品属于生产性公共品，直接拉动地方官员任期当期的经济增长，能够给地方政府带来显性政绩；而非经济性公共品具有投入时期较长、见效慢和外溢性较强的特点，并且非经济性公共品属于消费性公共品供给，对地方经济增长没有直接的显著贡献。现有的文献表明，加快经济增长的竞争政策导致政府的支出结构发生偏向，政府把更多的资源从文、教、卫等公共服务上转移到了基础设施建设等生产性投入上。政治激励促使地方政府倾向于生产性公共品供给，挤出民生类公共品供给，造就了地方政府公共支出结构"重基本建设，轻人力资本投资和公共服务"的明显扭曲（傅勇和张晏，2007；张军等，2007；李一花和骆永民，2009；邓可斌和丁菊红，2009；傅勇，2010；尹恒和朱虹，2011；汤玉刚和陈强，2012；田侃和亓寿伟，2013）。这种生产性支出偏向，使地方政府在追求经济高速增长的现行政绩的同时未能有效满足当地居民的福利需求。此外，从地方政府间竞争的角度看，相对于非经济性公共品而言，地方政府更倾向于依靠增加经济性公共品供给吸引外商投资，进而更好地推动地方政绩增长。所以，地方政府官员迫于政绩考核的压力，更多地倾向于短期内能带来显性政绩的经济性公共品供给，相对而言，对地方非经济性公共品供给产生挤出效应。

第五章　房地产类税收对非经济性公共品供给的效应研究

第六节　本章小结

本章为重点章节，第四章主要研究的是房地产类税收对地方经济性公共品供给的效应，因为本书界定地方公共品为经济性公共品和非经济性公共品，所以这章主要是研究房地产类税收对地方非经济性公共品供给的效应。本章从非经济性公共品供给的规模和结构实证分析了房地产类税收对地方非经济性公共品供给的效应，通过上述章节的实证研究，探究房地产类税收对地方公共品供给现状的深层次原因，为后面章节提出房地产类税收的改革建议作铺垫。

首先，第一节阐述了我国地方非经济性公共品供给的概况。从规模总量上来看，2007~2013年，科教文卫类公共品也就是非经济性公共品的供给呈现出绝对量的增长，但科教文卫财政支出占地方公共财政支出的比重始终未超过30%；在增幅方面，非经济性公共品的增长速度在2008~2010年间一直落后于地方公共财政支出的增速，表明地方政府对科教文卫类公共品供给热情不足；分结构来看，教育方面的财政支出绝对量最大，在科教文卫中名列前茅，增幅方面，医疗卫生与计划生育相关的财政支出增幅在2007~2008年间占据榜首，我国对非经济性公共品供给有所偏向，更侧重于与居民息息相关的医疗卫生类公共品供给。

其次，第二节、第三节和第四节从非经济性公共品的规模和结构方面，实证研究房地产类税收对非经济性公共品的规模和结构中的教育类和医疗卫生类公共品的效应，结构中的典型代表也是考虑到现有文献中的非经济性公共品供给主要探讨的是教育和医疗卫生类公共品。研究结论发现：一是非经济性公共品供给的总体规模方面：一个地方越依赖于房地产类税收，该地方的政府财政支出对非经济性公共品供给越会产生挤出效应；二是具体从非经济性公共品供给的结构来看，也会挤出对教育方面的财政支出，而对医疗卫生类有积极的正向促进效应。

房地产类税收对教育类公共品和医疗卫生类公共品供给的效应之所以有差异，主要原因分析如下：一是从财政支出结果方面来看，政府在教育类和医疗卫生类两类的财政总支出存在差异。教育支出在绝对量上呈现出持续增长态势。但是教育支出的相对规模仍然偏小。而医疗卫生方面的情况刚好相反，医疗卫生类公共品更能体现尊重生命至上、生命珍贵，政府对此具有显性化的责任。2003年SARS疫情的侵袭带来政府和居民对医疗卫生方面的更多的投入，人口老龄化对医疗和卫生的需求加大，经济发展水平的提高加大政府对医疗卫生方面的财政支出力度。自2003年起，政府全面启动农村基本医疗卫生服务体系建设以及新农合试点，政府全面加大对医疗卫生的投入力度。二是教育和医疗卫生类公共品本身的特性使然。教育这类公共品更具有外溢性和正的外部性，相邻地区或者地区之间容易相互取得福利，尤其是大学毕业之后的人才流动让多年的教育投入得不到回报，教育带来的社会福利在省际地区之间重新洗牌。另外，教育需要长期投入，短时间内不容易见到成效，这让政府迫于政绩考核的压力，也不会在短时间内更多地投入到教育方面，致使地方政府在教育支出方面存在严重的缺位。而医疗卫生事业更能体现尊重生命至上、生命可贵，健康第一，身体是革命的本钱。医疗卫生类公共品也是居民基本生活的体现，是居民最直接最紧迫的民生类公共品。医疗卫生类公共品不像教育类公共品的供给容易受地域、户籍限制严格。另外，受益的范围也不同，医疗卫生类公共品供给的受益群体是全国居民，而教育的受益群体是部分居民。

最后，第五节是通过上述章节的实证研究，深入挖掘地方政府之所以出现上述的财政支出结构偏好的深层次原因。深层次原因主要有以下几个方面：一是房地产类税收充实地方财政收入，为提供地方公共品供给筹集资金。这与税源导向密切相关，房地产类税收对地方财政收入有强劲的支撑作用，是地方财政收入的重要支柱。二是房地产类税收提供的公共品受益对象与课税对象相匹配。这与纳税人密切相关，房地产类税收是受益税，目前房地产的课税环节也主要是在交易和开发环节，课税对象绝大多数是房地产商，地方政府通过征收房地产类税收取得税收收入，并把其用于为纳税人提供公共服务。三是经济性和非经济性公共品的本质差异导致其对地方政府政绩激励效用的不同。经济性公共品相比于非经济性公共品具有外溢性不强、易考核、短期见效快的特点，能够给地方政府带来显性政绩，地方政府官员迫于政绩考核的压力，更多地倾向于经济性公共品供给。

第六章 结论、政策建议与研究展望

第一节 结 论

十八大报告奏响有史以来"改善民生"的时代最强音,报告中指明要提高民生类公共品供给水平。十八大报告中具体论述了教育和医疗等与人民群众关系最直接、最密切的现实问题,提出了要"努力办好人民满意的教育""统筹推进城乡社会保障体系建设"等建议,力求改善和保障民生。尽管我国财政收入快速增长,但我国在医疗、教育、卫生等保障性方面的民生类公共品供给相对短缺,不能满足居民对民生类公共品的需求,"上学贵、看病贵、养老无保障"等问题凸显。同时,拉动我国经济增长的巨大引擎和支柱产业是房地产行业,其相关税费对地方财政收入增长贡献较大。"营改增"后地方主体税种将缺失,从理论上说,房地产税很有可能成为地方的主体税种。地方税的主要支出方向是地方公共品供给,本书以房地产类税收为地方税的重要组成部分为切入点,深入探讨房地产类税收收入对地方公共品供给是否也存在"重基建、轻民生"的偏好,从而响应十八大提出"加快房地产税立法,并适时推进改革"的号召,借鉴国外房地产税的相关经验,改革和完善房地产税制,培育房产税,使其为地方政府提供持续可观的财政收入,更好地纠正地方政府财政支出中重基础建设类投资的偏好,提高民生类公共品供给的水平,从而改善民生。

基于上述研究背景与研究目的,本书采用规范分析和经验考察相结合、理论与实证相统一的研究方法,研究房地产类税收对地方财政收入的影响、公共品的供给效应(从规模和结构分析)、外界因素(财政分权和官员任期)

冲击下对公共品供给效应以及房地产类税收的国际比较进行了分析，以下九个方面是本书的主要研究结论：

一是房地产类税收对地方税收收入有重大贡献。房地产类税收占比地方税收收入从1999年的8.36%，一路攀升到2012年的21.40%，自2007年开始一直保持在15.00%以上，占地方财政一般预算收入的比重也在逐年上涨，已成为地方税收收入的主力军，是地方财政收入的重要支柱，而且房地产类税收增加幅度大多数年份大于地方税收收入的增加幅度。2012年辽宁在全国各个省市房地产类税收在地方税收收入中占有的比重最高，该比例为39.67%，房地产类税收几乎占据地方税收收入的半壁江山，对地方税收收入起着强劲的支撑作用。

二是房地产类税收发展空间不同，房产税最具发展潜力，若是在全国范围内推进房地产税的改革，那么房地产税很有可能成为地方主体税种。城镇土地使用税基本稳定，其增长有限，但房产税潜在增长空间较大。房地产类税收具有税源丰富、税基广泛稳定且具有非流动性等优点，相对于其他税种而言，房地产税很有可能成为地方的主体税种，比如营业税容易遭受经济行情的影响，并且地区之间的第三产业发展异质性导致营业税税收收入差距较大；企业所得税政策性强、税基易受侵蚀；个人所得税收入因为是国家倡导减税的税种而呈现下降趋势，相对量和绝对量都较低等。综上，房地产税发展潜力较大。

三是房地产类税收对地方公共品供给的效应从规模方面实证研究发现：一个地方越依赖房地产业，也就是说房地产类税收占地方税的比重越大，该地方政府基于房地产税收受益论、税收价格论和特殊利益集团（房地产商和地方政府组成）理论，另外也迫于政绩考核的压力，地方政府财政支出就越倾向于与房地产相关的也能在短期内带来显著政绩的基建建设等（经济性公共品）生产性投资，而对外溢性较强的短期内难以见到实效的科教文卫等公共品（非经济性公共品）产生显著的挤出效应。

四是公共品供给结构之一的教育类公共品。教育支出的相对规模仍然偏小。房地产类税收对教育类公共品供给产生挤出效应。自从实施科教兴国战略以来，我国对教育的投入逐步增加，教育支出在绝对量上呈现出持续增长态势。但是教育支出的相对规模仍然偏小。教育支出占地方政府一般预算支出的比重从2007年的17.55%一直下降到2010年的16.01%，2013年小幅攀升到 17.45%。总体来看，我国教育支出相对投入力度不够。实证研究发现一个地方越依赖于房地产税收，该地方的政府财政支出对教育方面的财政支出越易产生挤出效应。因为教育这类公共品更具有外溢性和正的外部性，相邻地区或者地区之间容易相互取得福利，尤其是大学毕业之后的人才流动让多年的教育投入得不到回报，教育带来的社会福利在省际地区之间重新洗牌。另外，教育需要长期投入，短时间内不容易见到成效，这样政府迫于政绩考核的压力，也不会在短时间内更多投入到教育方面，致使地方政府在教育支出方面存在严重的缺位。

五是公共品供给结构之二的医疗卫生类公共品。随着我国政府医疗卫生支出的规模不断扩大，政府卫生财政投入逐年递增。我国政府在医疗卫生领域的财政支出逐年增长，该比重由 1978 年的 3.16% 上升至 2013 年的 6.85%，增长较快。医疗卫生支出占 GDP 比重也稳步上升。研究发现：一个地方越依赖于房地产业，该地方的房地产类税收对医疗卫生类公共品供给越有显著的正向促进作用。因为医疗卫生类公共品更能体现尊重生命至上、生命珍贵，医疗卫生类公共品也是居民最关心最直接的最密切相关的公共品。外溢性比教育类公共品强，全国居民受益，政府对此具有显性化的责任。外加 2003 年 SARS 疫情的袭击、经济发展水平的提高和人口老龄化的加剧，政府更倾向于把更多的财政收入投入到医疗卫生类公共品供给方面，其正向促进医疗卫生类公共品的供给。房地产类税收会对非经济性公共品供给产生影响，依据不同的非经济性公共品其影响不同。房地产类税收会对教育类公共品的财政占比存在显著为负的挤出效应，但却正向促进医疗卫生类公共品财政投入。但总体上来看对非经济性公共品供给仍然存在显著的负向的挤出效应。

六是公共品供给结构之三的交通运输类公共品。地方公共财政支出在交通运输业方面的比重持续增加，房地产类税收对交通运输类公共品供给存在正向的激励作用。由于交通运输业是经济发展的纽带、桥梁和先决条件。交通运输业支出占财政支出的比重从 2007 年的 2.96% 一直攀升到 2013 年的 7.20%，交通运输业的财政支出增长较快。另外，地方政府迫于政绩考核压力，抑或地方政府与房地产商形成的特殊利益集团的利益，地方政府就越有可能按照现有的激励方向进行财政投入，也就是说财政支出较容易偏好在短期内带来显著政绩的经济性公共品供给。房地产企业这个特殊利益集团对地方政府的"捐税"，使地方政府更容易与房地产企业联手，在政策制定上偏袒房地产商，加大对房地产商利益相关的公共品投入，财政支出倾向于对基础建设类的交通运输的投入，提高地价，增加地方财税收入，促成双方达到"共赢"。目前，房地产类税收的主要课税对象是房地产商，这样按照税收受益原则，应该为其服务，为其提供更多的公共品供给，也会促使地方政府偏好投入到与房地产商利益相关的公共品供给方面。

第二节 政策建议

根据本书前文分析，目前民生供给不足以满足居民需求的格局以及房地产类税收对经济性公共品供给的激励作用和对非经济性公共品供给的挤出效应，我们认为，改善和保障民生、完善房地产税制的改革以及与房地产税制改革配套的财政制度改革需要从国家政策上予以支持，在本节中，将从以下五个方面尝试提出相关政策建议。

一、我国房地产类税收功能定位的设想

房地产类税收对经济性公共品和非经济性公共品供给产生不同的效应，本质上都是没有预算约束的制约，从预算的视角来看，是因为我国没有对房地产类税收的功能定位进行界定，对其支出的方向也没有明确规定，所以房地产类税收收入较易受到地方政府本身因素的影响，比如政府官员等。据此，本书提倡先对房地产类税收的功能定位阐明清楚，以此为切入点再研究房地产类税收的改革建议。

国际上，各地区房地产税制涉及方面也都因情况不同而定位不同。从欧洲、亚洲的典型代表国家和地区的房地产税的功能定位来看，北美洲的美国、加拿大，欧洲的英国，亚洲的日本以及我国香港地区和我国台湾地区（房地产税是地方税，且在地方税收收入中超过80.00%）的房地产类税收有一个共同的宗旨是增加地方财政收入，强调其组织收入的职能，都是地方政府财政收入的重要来源之一。

我国房地产类税收最直接的功能应该是地方政府用来提供公共品筹集的财政资金。把房地产类的税收看作当地居民享受当地公共服务的支付费用，这是对房地产类税收定位的最好诠释。房地产类税收专项指定用于民生类公

共品供给。我国应界定房地产类税收的支出范围，借鉴美国房地产税的绝大部分、韩国房地产税的一部分是专门指定用在教育公共品供给的经验，加大其对民生类公共品供给尤其是教育类公共品的投入力度，解决教育供给相对短缺的问题，改善实证论述的房地产类税收对教育公共品供给的挤出的局面。防止过多和重复的基建投入，提高我国民生类公共品供给水平。这样的房地产类税收的目标定位会得到当地居民的支持，具有重要的意义。

二、我国房地产类税收立法方面的改革建议

从本书前面的章节分析发现：在财政分权对经济增长的正向促进作用已形成共识下，随着财政分权程度越高，地方政府拥有的自由裁量权就越多，根据理性人政府的假设，政府会降低对投入时期较长、见效慢，外溢性较强的非经济性公共品供给的积极性。财政分权和集权的财政体制会对房地产类税收对地方公共品供给的效应产生异质性。目前，我国房产税不完善，存在税权过度集中中央、税收立法的级次低、法律体系不健全等问题，总体上房产税是中央立法、中央行政主导，地方政府实施，中央政府不能有效结合地方具体情况，因地制宜实施房地产税，这种制度一方面容易造成全国房地产税"一刀切"的局面，另外一方面严重挫伤了地方政府积极性。党的十八届三中全会提出"加快房地产税立法并适时推进改革"。房地产税立法为房产税的全面执行提供了法律基础，具有重大的现实指导意义。

税权在相关国家机关之间的分割配置就是税种税权的划分，税权分割配置包括横向分配和纵向分配两个方面。房产税立法权也包括纵横向分配，房产税立法的纵向分配模式国际上主要有三种：集权型、分权型和适度集权型。我国的房产税立法权在纵向分配上属于集权模式，这与我国的政治经济体制、历史文化都有密切的关系。国外税权集权型国家如英国和法国两国的房产税主要管理权限都是由中央掌握，地方政府没有房地产税的立法权，但是地方政府可以因城调整税率和减免税优惠等，房产税立法大都是中央赋予地方房产税收立法权，也就是地方政府能够通过其权力机关立法征税，依据法定程序赋予税收法律效力。税权分散型国家如美国、德国和澳大利亚三个国家，地方政府集中掌握了房产税的主要管理权限，中央无权干预地方政府的房产税税收法规和执行制度。适度集权型的国家如日本，中央掌握了房产税一定

的管理权限,地方掌握必要的权限。

综合国际比较集权型、分权型、集权和分权相结合的房地产类税收立法模式的经验和启示,我国房地产类税收立法应该探索兼顾集权和分权,中央和地方相结合,改革和现实相融合的制度。具体房地产类税收立法的改革方向设想如下：

一是房地产类税收立法需要遵循税收法定原则。税收法定原则体现的是我国税制改革的"顶层设计"。房地产类税收立法必须在税种法定、税收主体、征税对象、税率、减免税、纳税程序及其房地产税的使用用途上给予明确法律规定。有法可依也是房地产类税收顺利执行的坚强后盾。二是赋予地方一定的房地产税立法权和政策调整权。比如房地产税具体的法律、法规允许地方在不违背原则的前提下自主立法,针对我国区域间资源禀赋、居民偏好、经济发展水平和房地产税源的差别,为了避免全国"一刀切"的局面,地方政府因地制宜因房而异地制定房产税并在政策范围内微观调整,这样的政策更接地气,更具有灵活性。另外,赋予地方一定的房产税收立法权也是反映深化分税制改革的需要,能有效缓解央地政府间财权与事权不匹配方面的矛盾,平衡央地各方的利益关系,促进各方形成合力,充分发挥地方的主观能动性和积极性。三是房地产类税收立法中建立广泛的民主参与机制。让更多的民众参与到房地产税的税基和税率设定、房产价值的评估中,针对房地产税的用途,相关预算的进度要公开透明。广泛征求民意,充分表达各方声音,深得民众维护,以提高民众对房地产税的认可度和责任感,以期地方政府顺利开展后续的执法工作。

三、房地产税制设计的改革建议

房地产税的税制设计会因为房地产税的功能定位和国情有所不同,本文为培育我国房地产类税收发展成为地方主体税种,确保其持续可观的收入提供以下改革建议。

(一)实行宽税基政策,扩大房地产类税收的征税范围,培育房地产
　　　类税收为地方主体税种

我国房地产类税收征税范围不宽,过于狭窄,影响其收入规模(张洪铭

等，2011)，不利于发挥税收杠杆调节作用，目前房地产类税收中的房产税、城镇土地使用税和土地增值税的征税范围较窄，大都集中在城市、县城等区域。不全面的征税范围为躲避税收提供了途径。同时因为社会经济的发展，城乡结合部经济增长较快，城乡界限难以划分，房地产类税收的征管难度加大。具体建议如下：

　　一是征税范围从经营性房地产扩展为居民生活居住房，覆盖到居民所有的存量房，另外征税范围从城市的经营性住房扩展到建制镇的经营性住房。可参照英国根据房地产的用途，实施差别征税，分别设立营业性房地产和住宅性房地产保有税，避免实行"一刀切"的税制方案。二是征税范围从城镇的房产扩大到城乡结合部的个人住房和工商业房地产，城乡"双轨"趋向统一（贾康，2005）。国际上，房地产税的征收范围主要分为两类，第一类是对城市和农村房地产均征税，典型代表国家是美国、新西兰和加拿大等，这种模式的运用较为广泛，第二类是仅对城市房地产征税，代表国家是英国等。我国可参照美国、加拿大和新西兰的模式，征税范围逐步扩大到农村。另外，因为我国地域发展不平衡，区域差异较明显，各个地区要因地制宜，根据税率幅度空间进行实际操作，不能对农村房产实行"一刀切"。三是对开发商建好但超过两年没有出售的房屋征收房产税，遏制房产开发商的盲目投资，减少资源浪费，严厉打击其"捂房""惜房"和"炒房"行为。同时还能够消化房产库存和降低商品房的空置率，提高房屋的使用效率。四是加大对工厂用房的征税力度，工厂用房在六层以下的加大对其的征收力度，比如税率加倍等。目前，我国最浪费的房产资源就是工厂用房，工厂用房大都在两三层，为了提高房产的空间利用效率，可以加大对其征收力度。五是本着量能负担、公平理念规范税收优惠政策，将高档住宅作为课征重点。

　　"营改增"后地方税出现地方主体税种缺失，地方财源紧张的现象，但房地产本身税源稳定，思想策略方面应该积极培育房地产类税收为地方主体税种，持续稳定地增加地方财政收入为民生类公共品的供给筹集资金。

　　（二）简化税制，合并税种，降低房地产流转税，强化和提高房地产
　　　　保有税

　　我国应借鉴美国、德国、英国、日本、韩国和新加坡六个国家和我国台湾地区、我国香港地区在房地产的保有环节税负较重的经验，降低房地产的

流转税，提高保有税。具体建议如下：一是推行房地产行业"营改增"，降低税率。我国的营业税是流转税，隶属间接税，税负易于转嫁。本着简化房地产税制的原则，将营业税并入增值税加以征收；同时，降低税率，以增加房地产供给。二是取消土地增值税。土地增值税是税种设计和操作最复杂、征税成本最高、税制最不统一的一个税种。一方面，地方政府不愿房地产商立即补缴土地增值税，土地增值税的"欠缴"，实质上是默许房产开发商手头现金多投机房地产。另外一方面，土地增值税和企业所得税存在重复计征的现象。如在房地产转让过程中既征收土地增值的土地增值税，还按取得的转让收入征收企业所得税，存在重复征收的现象。政府在设置土地增值税时的目的是抑制土地炒买，促进土地资源的合理使用。综合上述分析，建议废除土地增值税，可以考虑将土地增值税的功能设计在保有环节，能够更好地发挥功效。三是优化耕地占用税，发挥其更多保护耕地作用。建议将定额征收改为比例税率征收，使税额随土地价值保持同向变化，加大其调控力度。同时，建立退耕还税制度，以促进我国耕地的集约利用；最后还应合理使用耕地占用税的税收收入，如：以税收收入支持耕地改良等等。四是开征土地闲置税。具体操作可以考虑把现存的土地闲置费和流通环节的土地增值税功能加以归并，对土地闲置课征"土地闲置税"，填补对闲置土地的调节真空，可把"土地闲置税"作为房地产税的辅助性税种。加快房产消化库存，遏制房产投机。五是把城镇土地使用税和房产税两税合一，构建新房地产税。美国房地产税在房产持有环节只设定了一个房产保有税。我国应该精简税制，合并税种（杨绍媛和徐晓波，2007）。借鉴英国、美国、日本、德国、韩国、新加坡等国家土地和建筑物结合起来一起开征的经验，建立新的房和地合一的房地产税，把城镇土地使用税的功能和原来的房产税的功能汇合在一起的新房地产税。六是借鉴美国、德国、日本和韩国开征遗产赠与税的经验，适时开征遗产税和赠与税。赠与税和遗产税是财产税的最后组合拳，遗产税是主要税种，赠与税是其补充税种，首先依据我国宪法和继承法，制定遗产税法。依据继承、法定继承人和继承顺序等确定遗产税的纳税人。遗产税和赠与税对房地产的课税、计税依据可以按照赠与或者继承之日的市场价格或者第三方评估价格为准，税率的确定方向是简便和轻税。但级次不宜过多，以四级左右为好，最高税率不要超过40%。起征点要适度，过重容易使得国内资产外逃，导致税源流失，过低又会引起人们普遍不满。

（三）正税、减费、明租，协调房地产行业税费关系

房地产相关收费当中占绝对比重的就是土地出让金，土地出让金是政府批租土地时一次性收取40~70年的费用[1]，也可称之为"地价"。借鉴英国、美国、日本、德国、韩国、新加坡等国土地和建筑物结合起来一起开征的经验，建立新的房和地合一的房地产税。建议土地出让金"费改税"，土地出让金改作为租金，房地产税也以每年征收租金的形式对房产所有者进行征收，目的是改变地价过高引起的房价过高，降低房地产的开发成本，稳定地方政府的长期财政收入。同时也改变政府对土地出让金过度依赖的现状，解决不具有可持续性的"土地财政"现象，加重房地产保有环节的成本，提高稀有土地资源的配置效率。同时因为土地出让金的课税对象由房地产商到居民的改变，按照税收的受益原则，更应该为广大居民提供较好的公共品供给，尤其是要加大对非经济性公共品的投入力度，增进民生福祉。

四、政府财政收入对房地产类税收的依赖度的相关改革建议

房地产类税收依赖度一般是指房地产税收占总税收的比重。从近年来的总体发展趋势看，房地产税在发达国家中地方主体税种的地位日益坚固。从20世纪中叶以来，州、地方两级政府的房地产类税收依赖度总体上呈上升趋势，大多年份超过50.00%。房地产税具有税源广泛，税基具有区域性等特点，比较适合成为地方税主体税种。从OECD各国具体情况来看，房地产税是地方税收收入主要来源地位明确，均把房地产税作为地方财政收入的来源之一，大部分国家都把房地产税作为地方政府的主要税收来源。

在2001~2010年发达国家地方房地产税占地方总税收的平均比重方面，从国家层面来看，地方政府对房地产税依赖度最高的是英国，其地方政府的全部税收都来自房地产税；其次是加拿大，依赖度达到95.69%；美国的各州县地方税收中，房地产税收占到70.00%以上；法国的地方政府对房地产税依赖度约超过50.00%；日本地方政府对房地产税依赖度在30.00%左右；发达

---

[1] 根据《中华人民共和国城镇国有土地使用权出让和转让暂行条例》的规定，土地使用权出让的最高年限按用途确定：居住用地70年；工业用地50年；教育、科技、文化、卫生、体育用地50年；商业、旅游、娱乐用地40年；综合或其他用地50年。

国家中,只有德国的依赖度最低,只有 16.30%,德国的房地产税收主要是用来防止房价过快增长。

我们还需要谨慎看待发达国家和发展中国家的地方政府对房地产类税收依赖度的差异,尤其是发达国家的房地产类税收与我国的房地产类税收在征税环节和征税环节税收收入比重方面存在较大差异。一方面,发达国家的房地产类税收在征收环节与我国存在异质性。比如美国在房地产的交易、继承和赠与、所得、保有等环节进行征税,而我国的房地产类税收在开发、交易和保有环节征收。另外一方面,发达国家的房地产类税收和我国的房地产类税收在不同的征收环节税收比重也存在较大异质性。比如美国房地产税中的交易税、遗产赠与税、所得税和财产税,其中保有环节的财产税是美国地方财政收入的重要组成部分,占到各地方政府财政收入的 30.00% 以上,相关的流转税和所得税比较低。而我国房地产类税收 2013 年在保有环节的房产税和城镇土地使用税两个税种汇总一起占地方税收收入的比重为 4.78%,这两个税种占总财政收入的比重为 6.12%,交易和开发环节的契税、土地增值税和耕地占用税等三税收入汇总于 2013 年在整个房地产类税收中比重达到 83.88%,这三个税种占地方税收收入的比重为 12.96%,三个税种占地方财政总收入的比重为 16.60%[1]。尤其特殊的是新加坡和英国,新加坡的房地产税收几乎都是保有税,英国的地方税收收入 100.00% 是房地产税。若是我国和美国均剔除了保有环节的税收,两国之间的房地产类税收差距就会大幅缩小。综上,我们应该谨慎看待地方政府对房地产类税收的依赖度问题。

房地产类税收对地方财政收入的贡献不容忽视,但不能过分依赖其增收效应。首先,从地方财税对房地产税收的依赖度来看,我国还有很多上升的空间,若是房地产税改革之后,加大了持有环节的税收比重,我们应该谨慎看待改革后的比重,警惕出现过分依赖房地产业的情况;其次,长远来看,房地产市场总归会回归合理价位,房地产类税收对地方财税收入的贡献也会逐渐合理回落。而且土地资源稀缺有限,土地财政对财政收入的增收效应会随之减弱。最后,房地产市场遭受经济周期波动明显,要谨防其对财政收入的冲击。因此,地方政府要未雨绸缪,具体建议如下:一是推动房地产类税收改革,提高保有环节税负,减轻交易和开发环节税负。二是推进财税体制

---

[1] 数据来源:《中国统计年鉴(2014)》。

改革，建立地方政府事权与支出责任相适应的制度，适度减少地方政府的事权；"正税清费"增加房地产税收入，减轻地方财政压力。三是兼顾地区差异性，因时因地培育优势产业和引导潜力产业，在适当发展工业的基础上，积极发展第三产业；四是鼓励产业技术创新，加大对新兴产业的扶持力度。

五、加大民生财政投入力度和优化财政支出结构的改革建议

总体方面应该降低一般公共服务支出的比重，持续加大对民生投入的绝对比重。具体建议如下：

一是教育方面，重点提高教育方面的财政投入增长幅度，使其超过财政收入的增长幅度，才能进一步确保提高教育支出占 GDP 的比重。建立一个教育方面的固定增长的投入机制，即从每一年财政收入增量中明确某一个固定不变的比例，用来投入到教育财政支出中。同时，考虑到我国公共财力有限，财政负担较重，我国应多渠道拓宽教育经费来源，构建多元化的筹资机制，比如发行教育公债、教育福利彩票等。此外，补我国教育的短板，缩小城乡区域之间的教育投入差距，进一步加大对偏远地区和农村义务教育的扶持力度，不断增强农村教育的师资力量和加强师资培训，改善教育条件，提高教育质量。

二是医疗卫生方面，继续加大财政对医疗卫生的投入力度。在全国范围内增加社区医院和家庭医生，利用"互联网+"做好现代化的医疗卫生服务工作。增加大病医保范围，减缓老百姓的医疗卫生方面的因病致贫的后顾之忧。同时，优化财政卫生支出结构，力求城乡医疗卫生服务的均等化，尤其是加大农村基本医疗保障体系和基本医疗服务体系的财政投入力度，重点支持县级及其乡镇的医疗卫生建设，改变医疗卫生仪器设备的陈旧老化、缺医少药的局面。完善和创新新农合医疗制度，扩大新农合的保障范围，提高新农合的报销比例。

第三节　研究展望

由于理论水平和实践能力有限，本书还存在诸多不足之处，有待于进一步的深入研究。

在对房地产类税收地公共品供给效应实证研究时，本书的研究只是省级层面的数据，不能细致到地级市的研究，若是能获得地级市的房地产类税收数据和公共品财政支出的数据，可以比较和现在的结果的异同。

另外，房地产类税收对地方公共品供给效应的影响也会受到地区时空之间的相互影响，地区之间公共品供给相互竞争、相互模仿，房地产类税收在空间上也会相互影响，进而对公共品供给产生影响。可以运用空间计量模型来对其空间溢出效应做进一步的研究，也是本书以后研究的方向。

参考文献

[1] 蔡伟贤:"我国地方政府偏重基础设施投入的原因及其影响",载《中国经济问题》2009年第2期。

[2] 陈斌开、杨汝岱:"土地供给、住房价格与中国城镇居民储蓄",载《经济研究》2013年第1期。

[3] 陈多长:《房地产税收论》,中国市场出版社2005年版。

[4] 陈多长、踪家峰:"房地产税收与住宅资产价格:理论分析与政策评价",载《财贸研究》2004年第1期。

[5] 陈硕:"分税制改革、地方财政自主权与公共品供给",载《经济学(季刊)》2010年第4期。

[6] 陈硕、高琳:"央地关系:财政分权度量及作用机制再评估",载《管理世界》2012年第6期。

[7] 程琳、廖宇岑:"地方政府医疗卫生支出效率及其影响因素分析:基于异质性随机前沿模型",载《中国卫生经济》2015年第1期。

[8] 邓宏乾:《中国房地产税制研究》,华中师范大学出版社2000年版。

[9] 邓宏乾:《中国城市主体财源问题研究:房地产税与城市土地地租》,商务印书馆2008年版。

[10] 邓可斌、丁菊红:"转型中的分权与公共品供给:基于中国经验的实证研究",载《财经研究》2009年第3期。

[11] 丁菊红:"中国财政分权体制的经验、现实选择与未来展望",载《税务研究》2010年第4期。

[12] 丁菊红、邓可斌:"政府偏好、公共品供给与转型中的财政分权",载《经济研究》2008年第7期。

[13] 杜雪君:"房地产税对房价的影响机理与实证分析",浙江大学2009年博士学位论文。

[14] 杜雪君等:"房地产价格、地方公共支出与房地产税负关系研究——理论分析与基于中国数据的实证检验",载《数量经济技术经济研究》2009年第1期。

[15] 杜雪君等:"我国房地产税与房价关系的实证研究",载《技术经济》2008年第9期。

[16] 樊丽明等:"城镇化进程中的房地产税制改革研究",载《当代财经》2006年第7期。

[17] 范子英、张军:"转移支付、公共品供给与政府规模的膨胀",载《世界经济文汇》2013年第2期。

[18] 冯皓、陆铭:"通过买房而择校:教育影响房价的经验证据与政策含义",载《世界经济》2010年第12期。

[19] 伏润民等:"我国地区间公共事业发展成本差异评价研究",载《经济研究》2010年第4期。

[20] 付文林、沈坤荣:"均等化转移支付与地方财政支出结构",载《经济研究》2012年第5期。

[21] 高凌江:"地方财政支出对房地产价值的影响——基于我国35个大中城市的实证研究",载《财经理论与实践》2008年第1期。

[22] 高培勇:"究竟什么是公共财政?",载《铜陵学院学报》2005年第1期。

[23] 洪涛等:"房地产价格区域间联动与泡沫的空间扩散——基于2000~2005年中国35个大中城市面板数据的实证检验",载《统计研究》2007年第8期。

[24] 胡成:"我国房产税改革研究",湖南师范大学2012年硕士学位论文。

[25] 胡德仁、刘亮:"中国地区间财政能力差异的度量及地区分解——基于地区间公共支出成本差异的视角",载《新疆财经大学学报》2011年第1期。

[26] 胡晓珍、杨龙:"中国区域绿色全要素生产率增长差异及收敛分析",载《财经研究》2011年第4期。

[27] 胡怡建:"物业税改革的背景和影响分析",载《涉外税务》2004年第9期。

[28] 黄璟莉:"国外房产税的征收经验及对我国的启示",载《财政研究》2013年第2期。

[29] 黄小平、方齐云:"中国财政对医疗卫生支持的区域差异——基于泰尔指数的角度",载《财政研究》2008年第4期。

[30] 贾俊雪等:"地方政府支出行为的周期性特征及其制度根源",载《管理世界》2012年第2期。

[31] 贾康:"对房地产税费改革思路与要点的认识",载《涉外税务》2005年第8期。

[32] 贾康:"中国房地产税费改革的基本设想",载《中国发展观察》2006年第8期。

[33] 贾康、阎坤:"完善省以下财政体制改革的中长期思考",载《管理世界》2005年第

8 期。

[34] 李晶:"中国房地产税收制度改革研究",东北财经大学 2011 年博士学位论文。

[35] 李晓英:"开征物业税对地方财政的影响分析",载《中国商界》2010 年第 2 期。

[36] 李一花、骆永民:"财政分权、地方基础设施建设与经济增长",载《当代经济科学》2009 年第 5 期。

[37] 李永超:"我国房地产税制改革的目标及路径研究",内蒙古财经大学 2014 年硕士学位论文。

[38] 李勇刚等:"分税制改革、土地财政与公共品供给——来自中国 35 个大中城市的经验证据",载《山西财经大学学报》2013 年第 11 期。

[39] 李勇刚等:"晋升激励、土地财政与经济增长的区域差异——基于面板数据联立方程的估计",载《产业经济研究》2013 年第 1 期。

[40] 李永友、沈坤荣:"辖区间竞争、策略性财政政策与 FDI 增长绩效的区域特征",载《经济研究》2008 年第 5 期。

[41] 梁若冰、汤韵:"地方公共品供给中的 Tiebout 模型:基于中国城市房价的经验研究",载《世界经济》2008 年第 10 期。

[42] 陆铭:"陆铭:土地政策如何影响了经济竞争力",载《中国房地产业》2015 年第 Z1 期。

[43] 吕炜、王伟同:"我国基本公共服务提供均等化问题研究——基于公共需求与政府能力视角的分析",载《财政研究》2008 年第 5 期。

[44] 马慧强等:"我国基本公共服务空间差异格局与质量特征分析",载《经济地理》2011 第 2 期。

[45] 马拴友:"公共教育支出与经济增长——我国财政教育支出的最优规模估计",载《社会科学家》2002 年第 2 期。

[46] 孟国鸿:"中国城市房地产政策探究",载《中国房地产金融》2008 年第 2 期。

[47] 缪小林等:"地方财政分权对县域经济增长的影响及其传导机制研究——来自云南 106 个县域面板数据的证据",载《财经研究》2014 年第 9 期。

[48] 庞玉萍:"论城市经营的目标与内容",载《经济师》2004 年第 9 期。

[49] 杞明:"房价上涨的一种解释:蒂布特模型",载《地方财政研究》2005 年第 4 期。

[50] 乔宝云等:"政府间转移支付与地方财政努力",载《管理世界》2006 年第 3 期。

[51] 邱思琴:"对沪渝房产税试点的一些思考",载《经济视角(中旬)》2011 年第 4 期。

[52] 邵挺、袁志刚:"土地供应量、地方公共品供给与住宅价格水平——基于 Tiebout 效应的一项扩展研究",载《南开经济研究》2010 年第 3 期。

[53] 石坚、陈文东主编:《房地产税制的国际比较》,中国财政经济出版社 2011 年版。

[54] 王松涛等:"我国区域市场城市房价互动关系的实证研究",载《财经问题研究》2008年第6期。

[55] 宋祥来:"沪渝两市房产税试点比较和评析",载《中国房地产》2011年第7期。

[56] 南京地政研究所编:《中国土地问题研究》,中国科学技术大学出版社1998年版。

[57] 谭政勋、陈铭:"房价波动与金融危机的国际经验证据:抵押效应还是偏离效应",载《世界经济》2012年第3期。

[58] 汤玉刚、陈强:"分权、土地财政与城市基础设施",载《经济社会体制比较》2012年第6期。

[59] 汤玉刚、赵大平:"论政府供给偏好的短期决定:政治均衡与经济效率",载《经济研究》2007年第1期。

[60] 汪昊:《房地产市场税收调控研究:基于中国现状的分析》,中国税务出版社2009年版。

[61] 王洪卫等编著:《房地产租费税改革研究》,上海财经大学出版社2005年版。

[62] 王蓉、杨建芳:"中国地方政府教育财政支出行为实证研究",载《北京大学学报(哲学社会科学版)》2008年第4期。

[63] 王胜、卢盛荣:"供给、需求和外部冲击——中国房地产业发展驱动因素的实证分析",载《中国土地科学》2008年第8期。

[64] 王佃利:"'经营城市'的新理念及风险回避",载《中国行政管理》2003年第2期。

[65] 王晓玲:"我国省区基本公共服务水平及其区域差异分析",载《中南财经政法大学学报》2013年第3期。

[66] 位志宇、杨忠直:"长三角房价变化的生态共生性研究——基于上海、杭州和南京的实证",载《当代经济管理》2007年第2期。

[67] 席小涛:"我国教育支出规模分析",载《黑龙江教育学院学报》2010年第12期。

[68] 许艳等:"土地集约利用与经济发展时空差异研究——以江苏省为例",载《南京大学学报(自然科学版)》2009年第6期。

[69] 杨大春:《中国房地产税收法制的变迁与改革》,江苏大学出版社2007年版。

[70] 杨帆、卢周来:"中国的'特殊利益集团'如何影响地方政府决策——以房地产利益集团为例",载《管理世界》2010年第6期。

[71] 杨帆、张弛:"利益集团理论研究:一个跨学科的综述",载《管理世界》2008年第3期。

[72] 杨海生等:"地方政府竞争与环境政策——来自中国省份数据的证据",载《南方经济》2008年第6期。

[73] 杨继瑞:《房地产新政现状、展望与思考》,西南财经大学出版社2005年版。

[74] 杨绍媛、徐晓波:"我国房地产税对房价的影响及改革探索",载《经济体制改革》

2007 年第 2 期。

[75] 姚继军、张新平:"省以下财政转移支付保障义务教育发展的绩效、问题与改进",载《教育学报》2014 年第 4 期。

[76] 易宪容:"房地产'新政'的理论基础及政策效应分析",载《江苏社会科学》2009 年第 2 期。

[77] 尹恒、朱虹:"县级财政生产性支出偏向研究",载《中国社会科学》2011 年第 1 期。

[78] 尹中立:"日本'土地神话'幻灭留给我们的警示",载《国土资源》2006 年第 8 期。

[79] 于长革:"2007 年政治经济学热点问题研究的新进展",载《上海行政学院学报》2008 年第 2 期。

[80] 俞卫:"医疗卫生服务均等化与地区经济发展",载《中国卫生政策研究》2009 年第 6 期。

[81] 苑新丽:"境外房产税特点及对我国的启示",载《中国房地产》2011 年第 13 期。

[82] 张德勇:"进一步完善房产税的几个问题",载《税务研究》2011 年第 4 期。

[83] 张洪铭等:"房产税改革试点效应分析",载《税务研究》2011 年第 4 期。

[84] 张军等:"中国为什么拥有了良好的基础设施?",载《经济研究》2007 年第 3 期。

[85] 张炜、姜宝华:"城市化的国际经验与四川城市化发展研究",载《国土经济》2002 年第 2 期。

[86] 张晓云、乔宝云:"新医改:政府与市场的合理边界",载《中国报道》2009 年第 5 期。

[87] 赵伟等:"基于企业家政府理论思考我国城市经营的转型",载《城市规划学刊》2005 年第 2 期。

[88] 赵燕菁:"从城市管理走向城市经营",载《城市规划》2002 年第 11 期。

[89] 郑隽晓:"房产税产生的效果分析",载《时代金融》2011 年第 6 期。

[90] 郑连虎:"行政区经济大战·城市区域竞合·城市区域一体化——试析中国城市经营的三个阶段",载《城市》2003 年第 1 期。

[91] 钟晓敏:"市场化改革中的地方财政竞争",载《财经研究》2004 年第 1 期。

[92] 周彬、杜两省:"'土地财政'与房地产价格上涨:理论分析和实证研究",载《财贸经济》2010 年第 8 期。

[93] 周业安:"地方政府竞争与经济增长",载《中国人民大学学报》2003 年第 1 期。

[94] 周业安:"政府主导的经济增长可持续吗",载《理论前沿》2009 年第 6 期。

[95] 朱家良、吴敏一:"中国地方政府调控:障碍与选择——兼论中央和地方的调控关系",载《经济研究》1992 年第 8 期。

[96] 踪家峰等:"中国财政支出资本化与房地产价格",载《财经科学》2010 年第 11 期。

[97] 左翔、殷醒民:"土地一级市场垄断与地方公共品供给",载《经济学(季刊)》2013 年第 2 期。

[98] Henry J. Aaron, *Who Pays the Property Tax: A New View*, Washington, D.: Brookings Institution Press, 1975.

[99] Alesina. A. & Wacziarg. R., "Openness, Country Size and Government", *Journal of Public Econanics*, 69 (1998).

[100] Alexander. C. & Barrow, M., "Seasonality and Cointegration of Regional House Prices in the UK", *Urban Studies*, 31 (1994).

[101] Aschauer, D. A., "Is Public Expenditure Productive?", *Journal of Monetary Economics*, 23 (1989).

[102] Baicker, K., "The Spillover Effects of State Spending", *Journal of Public Economics*, 89 (2005).

[103] Bardhan, P., "Decentralization of Governance and Development", *Journal of Economic Perspectives*, 16 (2002).

[104] Barr, J. L, "City Size, Land Rent, and the Supply of Public Goods", *Regional and Urban Economics*, 2 (1972).

[105] Barro, R. J., "Economic Growth in a Cross Section of Countries", *The Quarterly Journal of Economics*, 106 (1991).

[106] Benjamin, J. D., Coulson, N. E. & Yang, S. X., "Real Estate Transfer Taxes and Property Values: The Philadelphia Story", *The Journal of Real Estate Finance and Economics*, 7 (1993).

[107] Besley, T. & Coate, S., "Centralized versus Decentralized Provision of Local Public Goods: a Political Economy Approach", *Journal of Public Economics*, 87 (2003).

[108] Boelhouwer, P., Haffner, M., Neuteboom, P. & Devries, P., "House Prices and Income Tax in the Netherlands: An International Perspective", *Housing Studies*, 19 (2004).

[109] Brennan, G. & Buchanan, J., "Tax Instruments as Constraints on the Disposition of Public Revenues", *Journal of Public Economics*, 9 (1978).

[110] Brennan, G. & Buchanan, J., *The Power to Tax*, Cambridge: Cambridge University Press, 1980.

[111] Buchanan, J. M., "An Economic Theory of Clubs", *Economica (New Series)*, 32 (1965).

[112] Bucovetsky, S. & Wilson, J. D., "Tax Competition with Two Tax Instruments", *Regional*

Science and Urban Economics, 21 (1991).

[113] Burney, N. A. , "Wagner's Hypothesis: Evidence from Kuwait Using Cointegration Tests", *Applied Economics*, 34 (2002).

[114] Cai, H. & Treisman D. , "Does Competition for Capital Discipline Governments? Decentralization, Globalization, and Public Policy", *American Economic Review*, 95 (2005).

[115] Cichon, M. , *Modelling in Health Care Finance: A Compendium of Quantitative Techniques for Health Care Financing*, Geneva, International Labour Office, 1999.

[116] Cook, S. & Thomas, C. , "An Alternative Approach to Examining the Ripple Effect in UK House Prices", *Applied Economics Letters*, 10 (2003).

[117] Daniel, T. , "Decentralization and the Quality of Government", *Working Paper*, University of California, Los Angeles, 2000.

[118] Dethier, J. J. , "Governance and Economic Performance: A Survey", Center for Development Research (ZEF) Discussion Papers, University of Bonn, 1999.

[119] Englund, P. & Ioannides, Y. M. , "House Price Dynamics: An International Empirical Perspective", *Journal of Housing Economics*, 6 (1997).

[120] Faguet, J. P. , "Does Decentralization Increase Government Responsiveness to Local Needs? Evidence from Bolivia", *Journal of Public Economics*, 88 (2004).

[121] Fischel, W. A. , "The Economics of Zoning Laws" The economics of zoninglaws, *A Property Rights Approach to American land Use Controls*, Baltimore Johns Hopkins University Press, 1985.

[122] Fischel, W. A. , "Homevoters, Municipal Corporate Governance, and the Benefit View of the Property Tax", *National Tax Journal*, 54 (2001).

[123] Fuchs, V. R. , "Though Much is Taken: Reflections on Aging, Health, and Medical Care", *The Milbank Memorial Fund Quarterly, Health and Society*, 62 (1984).

[124] Giussani, B. & Hadjimatheou G. , "Modeling Regional House Prices in the United Kingdom", *Papers in Regional Science*, 70 (1991).

[125] Goldin, K. D. , "Equal Access vs. Selective Access: A Critique of Public Goods Theory", *Public Choice*, 29 (1977).

[126] Hamilton, B. W. , "Capitalization of Intrajurisdictional Differences in Local Tax Prices", *American Economic Review*, 66 (1976).

[127] Hamilton, B. W. , "The Effects of Property Taxes and Local Public Spending on Property Values: A Theoretical Comment", *Journal of Political Economy*, 84 (1976).

[128] Hamilton, B. W. , "The Flypaper Effect and Other Anomalies", *Journal of Public Economics*, 22 (1983).

［129］ Hayek, F. A., "The Use of Knowledge in Society", *The American Economics Review*, 35 (1945).

［130］ Hines, J. R. & Thaler R. H., "Anomalies: The Flypaper Effect", *Journal of Economic Perspectives*, 9 (1995).

［131］ Holly, S., Pesaran, M. H. & Yamagata, T., "A Spatio-temporal Model of House Prices in the USA", *Journal of Econometrics*, 158 (2010).

［132］ Holmes. MJ, "How Convergent are Regional House Prices in the United Kingdom? Some New Evidence from Panel Data Unit Root Testing", *Journal of Economic and Social Research*, 9 (2007).

［133］ Jin, J. & Zou, H. F., "Fiscal Decentralization, Revenue and Expenditure Assignments, and Growth in China", *Journal of Asian Economics*, 16 (2005).

［134］ Keen, M. & Marchand, M., "Fiscal Competition and the Pattern of Public Spending", *Journal of Public Economics*, 66 (1997).

［135］ MacDonald R. & Taylor M., "Regional House Prices in Britain: Long-Run Relationships and Short-Run Dynamics", *Scottish Journal of Political Economy*, 40 (1993).

［136］ Mauro, P., "Corruption and the Composition of Government Expenditure", *Journal of Public Economics*, 69 (1998).

［137］ Meen, G., "Regional Hanse Prices and the Ripple Effect: A New Interpretation", *Housing studies*, 14 (1999).

［138］ Mieszkowski, P. M., "The Property Tax: An Excise Tax or a Profits Tax?", *Journal of Public Economics*, 1 (1972).

［139］ Musgrave, R. A., *The Theory of Public Finance: A Stvdy in Public Economy*, New York: McGraw-Hill, 1959.

［140］ Oates, W. E., *Fiscal Federalism*, New York: Harcourt Brace Jovanovich, 1972.

［141］ Oates, W. E., "The Effects of Property Taxes and Local Public Spending on Property Values: An Empirical Study of Tax Capitalization and the Tiebout Hypothesis", *Journal of Political Economy*, 77 (1969).

［142］ Oates, W. E., "An Essay on Fiscal Federalism", *Journal of Economic Literature*, 37 (1999).

［143］ Oates, W. E., "Fiscal Competition and European Union: Contrasting Perspectives", *Regional Science and Urban Economics*, 31 (2001).

［144］ Polinsky, A. M. & Shavell, S., "The Air Pollution and Property Value Debate", *The Review of Economics and Statistics*, 57 (1975).

［145］ Qian Y. & Roland G., "Federalism and the Soft Budget Constraint", *American Economic*

Review, 88 (1998).

[146] Paul A. Samuelson, "The Pure Theory of Public Expenditure", *The Review of Economics and Statistics*, 36 (1954).

[147] Stigler, G. J., "The Tenable Range of Functions of Local Government", Joint Economic Committee in Federal Expenditure Policy for Economic Growth and Stability, Washington D. C., Subcommittee on Fiscal Politics, 1957.

[148] Tiebout, C. M., "A Pure Theory of Local Expenditures", *Journal of Political Economy*, 64 (1956).

[149] Weingast, B. R., "Second Generation Fiscal Federalism: Implications for Decentralized Democratic Governance and Economic Development", *Social Science Electronic Publishing*, 65 (2008).

[150] Wilson, J. D., "Property Taxation, Congestion, and Local Public Goods", *Journal of Public Economics*, 64 (1997).

[151] WorldBank, "Fiscal Decentralization and Rural Health Care in China", *Working Paper*, 2006.

[152] Yinger and John, "Capitalization and the Theory of Local Public Finance", *Journal of Political Economy*, 90 (1982).

[153] Zhang, X. B., Fan, S. G., Zhang, L. X. & Huang, J. K., "Local Governance and Public Goods Provision in Rural China", *Journal of Public Economis*, 88 (2004).

[154] Zhuravskaya, E. V., "Incentives to Provide Local Public Goods: Fiscal Federalism, Russian Style", *Journal of Public Economics*, 76 (2000).

[155] Zodrow, G. R. & Mieszkowski, P., "Pigou, Tiebout, Property Taxation, and the Underprovision of Local Public Goods", *Journal of Urban Economics*, 19 (1986).

后 记

时光飞逝，如白驹过隙，回首往昔，感激之情溢于言表。值此本书完成之际，谨以此机会，向多年来给予我关心和帮助的领导、老师和同学，为我付出的亲人和朋友们表示衷心的感谢！

首先，非常感谢在上海政法学院建校35周年之际，学校和经济管理学院有关领导给予这本书的肯定和支持，同时，也要感谢我的恩师刘小川教授，感谢其在学习上给予我悉心指导，生活上给予我无微不至的关怀。每一次与刘老师讨论写作，都如同一次"头脑风暴"，让我深刻感受到做学术的严谨思维和缜密思考。本书在写作期间，得到刘老师的多次指点，包括书的选题、思路的拓展和文章结构的编排。师恩如海，终生难忘。刘老师渊博的学识、敏锐的学术洞察力、严谨的治学态度、求实的科研作风、孜孜不倦的工作热情以及诲人不倦的师德风范都给我留下了深刻印象。在此谨向刘老师表示衷心的感谢和崇高的敬意！

其次，我还要感谢在本书写作过程中给予我指导和教诲的诸位老师。在上财学习期间，感谢丛树海教授、樊丽明教授、蒋洪教授、马国贤教授、刘小兵教授、付文林教授、储敏伟教授、胡怡建教授、毛程连教授、黄天华教授、周建教授、耿曙副教授、安志勇副教授、曾军平副教授等老师的传道授业解惑，让我接触到不少财政税收的社会研究前沿；感谢朱为群教授诲人不倦地指点我修改论文；感谢付文林教授、邓淑莲教授和曾军平副教授在本书结构上给予的真切点拨与指导；感谢我的两位助教——陶勇老师和徐曙娜老师给予我的学习指导和生活关照；感谢范子英教授、吴一平教授、张牧扬老师和刘志阔老师在科研方法上的指导。

　　最后，我要对我深爱的父母和爱人致以最深的感谢，感谢父母三十多年来对我最朴素、最真挚的养育之恩，感谢我的爱人给予我的帮助、鼓励和支持，他们的爱是我前行的动力，感谢他们！

李　霞

于上海财经大学

声　明　1. 版权所有，侵权必究。
　　　　2. 如有缺页、倒装问题，由出版社负责退换。

图书在版编目（CIP）数据

我国房地产类税收对地方公共品供给的效应研究/李霞著.—北京：中国政法大学出版社，2019.9
　ISBN 978-7-5620-9222-3

　Ⅰ.①我… Ⅱ.①李… Ⅲ.①房地产税－影响－地方政府－公共物品－供给制－研究－中国 Ⅳ.①F20

中国版本图书馆 CIP 数据核字(2019)第 221704 号

出 版 者	中国政法大学出版社
地　　址	北京市海淀区西土城路 25 号
邮寄地址	北京 100088 信箱 8034 分箱　邮编 100088
网　　址	http://www.cuplpress.com（网络实名：中国政法大学出版社）
电　　话	010-58908285(总编室) 58908433（编辑部）58908334(邮购部)
承　　印	北京鑫海金澳胶印有限公司
开　　本	720mm×960mm　1/16
印　　张	9.5
字　　数	140 千字
版　　次	2019 年 9 月第 1 版
印　　次	2019 年 9 月第 1 次印刷
定　　价	35.00 元